Carambole biljard: Fler gåtor och pussel

Problem och situationer som förbättrar din taktiska analys och spelfärdigheter.

Allan P. Sand
PBIA Certifierad Biljardinstruktör

ISBN 978-1-62505-360-2

(PRINT)

Copyright © 2019 Allan P. Sand

All rights reserved under International and Pan-American Copyright Conventions.

Published by Billiard Gods Productions.

Santa Clara, CA 95051

U.S.A.

For the latest information about books and videos, go to:
http://www.billiardgods.com

Acknowledgements

Wei Chao created the software that was used to create these graphics.

I want to specifically thank the following for help in making this book work:
Raye Raskin
Bob Beaulieu
Darrell Paul Martineau

Innehållsförteckning

INTRODUKTION 1
Tabellinställning 1
Carom biljardbollar förklaring 2
Tabellalternativ 2
Hur man studerar 2
Utmaningar för kul och vinst 2

EXEMPELALTERNATIV 4
Grupp 1, set 6 (diagram 2) 4
Grupp 5, set 11 (diagram 3) 5

GRUPP 1 6
Grupp 1, set 1 6
Grupp 1, set 2 8
Grupp 1, set 3 10
Grupp 1, set 4 12
Grupp 1, set 5 14
Grupp 1, set 6 16
Grupp 1, set 7 18
Grupp 1, set 8 20
Grupp 1, set 9 22
Grupp 1, set 10 24
Grupp 1, set 11 26
Grupp 1, set 12 28

GRUPP 2 30
Grupp 2, set 1 30
Grupp 2, set 2 32
Grupp 2, set 3 34
Grupp 2, set 4 36
Grupp 2, set 5 38
Grupp 2, set 6 40
Grupp 2, set 7 42
Grupp 2, set 8 44
Grupp 2, set 9 46
Grupp 2, set 10 48
Grupp 2, set 11 50
Grupp 2, set 12 52

GRUPP 3 54
Grupp 3, set 1 54
Grupp 3, set 2 56
Grupp 3, set 3 58
Grupp 3, set 4 60
Grupp 3, set 5 62
Grupp 3, set 6 64
Grupp 3, set 7 66
Grupp 3, set 8 68
Grupp 3, set 9 70
Grupp 3, set 10 72

Grupp 3, set 11 74
Grupp 3, set 12 76
GRUPP 4 .... **78**
Grupp 4, set 1 78
Grupp 4, set 2 80
Grupp 4, set 3 82
Grupp 4, set 4 84
Grupp 4, set 5 86
Grupp 4, set 6 88
Grupp 4, set 7 90
Grupp 4, set 8 92
Grupp 4, set 9 94
Grupp 4, set 10 96
Grupp 4, set 11 98
Grupp 4, set 12 100
GRUPP 5 .... **102**
Grupp 5, set 1 102
Grupp 5, set 2 104
Grupp 5, set 3 106
Grupp 5, set 4 108
Grupp 5, set 5 110
Grupp 5, set 6 112
Grupp 5, set 7 114
Grupp 5, set 8 116
Grupp 5, set 9 118
Grupp 5, set 10 120
Grupp 5, set 11 122
Grupp 5, set 12 124
GRUPP 6 .... **126**
Grupp 6, set 1 126
Grupp 6, set 2 128
Grupp 6, set 3 130
Grupp 6, set 4 132
Grupp 6, set 5 134
Grupp 6, set 6 136
Grupp 6, set 7 138
Grupp 6, set 8 140
Grupp 6, set 9 142
Grupp 6, set 10 144
Grupp 6, set 11 146
Grupp 6, set 12 148
TOMMA BORD **150**

Introduktion

Du har fler möjligheter att utöka dina färdigheter. Lär dig att hantera ett brett utbud av bollpositioner som dyker upp i spel efter spel. Dessa layouter ger dig en chans att göra omfattande experiment. Dessa personliga provningssituationer ger betydande personliga konkurrensfördelar:

- Intellektuell utbildning - Utvärdera layouterna och överväga hur många alternativ som finns tillgängliga. Gör skisser av vägar och (CB) hastigheter och spinn för träningsbordet. Detta ökar dina analytiska och taktiska färdigheter.

- Färdighetsbekräftelse - När du försöker varje koncept hjälper ditt experiment att avgöra om det är genomförbart (inom dina färdigheter) eller värdelöst (för svårt eller fantastiskt). Denna jämförelse mellan mentala bilder och fysiska försök hjälper till att bestämma bredden och bredden av dina förmågor.

- Förbättra färdigheter - Om en väg ser lovande ut, men körningen misslyckas, arbeta med olika hastigheter / spinn för att upptäcka vad som fungerar. Flera konsekutiva framgångar kommer att lägga till detta i ditt personliga kompetensbibliotek.

Öva detta med något biljardspel.

Tabellinställning

Pappersförstärkningsringar visar platserna för varje boll. Placera dem enligt träningsövningen du vill träna.

Carom biljardbollar förklaring

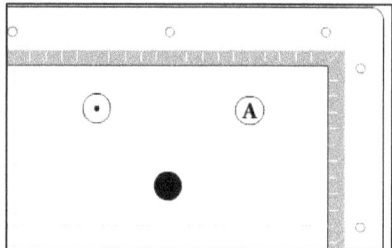

(A) (CB1) (första biljardboll)

(•) (CB2) (andra biljardboll)

● (RB) (röd biljardboll)

Tabellalternativ

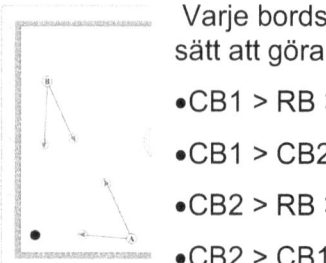

Varje bordslayout ger fyra (4) olika sätt att göra poäng.

- CB1 > RB > CB2
- CB1 > CB2 > RB
- CB2 > RB > CB1
- CB2 > CB1 > RB

Hur man studerar

Börja med fåtölj analys. Titta på varje tabelllayout och överväga eventuella spelalternativ. Tänk dig att prova dina idéer. Utvärdera lämplig hastighet och snurra. Gör skisser och anteckningar, efter behov.

Alternativt, ta den här boken till ditt biljardbord. Sätt i pappersförstärkningsringarna på plats. Mentalt bestämma hur många olika sätt du kan spela layouten. Testa sedan dina idéer och se om din fantasi är lika med din skicklighet. Gör anteckningar av dina idéer.

På biljardbordet, använd dina idéer. På ett missat skott gör du justeringar i dina hastigheter / spinn och vinklar. Så här blir du en hårdare och farligare biljardspelare.

Utmaningar för kul och vinst

Överväg att skapa en vänlig konkurrens mellan dina kompisar. Välj flera av dessa layouter och njut av utmaningen.

Använd ett round-robin format. Alla försöker (1, 2 eller 3) försök. Vinnaren får pengarna, och en annan runda börjar.

Exempelalternativ

Grupp 1, set 6 (diagram 2)

Kan din fantasi matcha din verklighet?

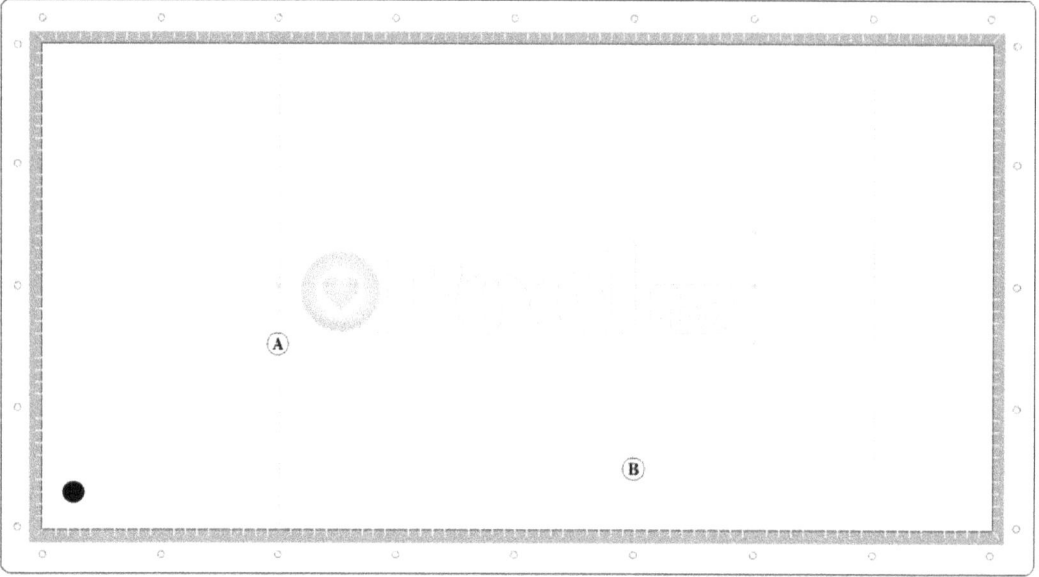

Med tanke på layouten har du 4 möjliga praktiska val som du kan experimentera med och försöka olika lösningar.

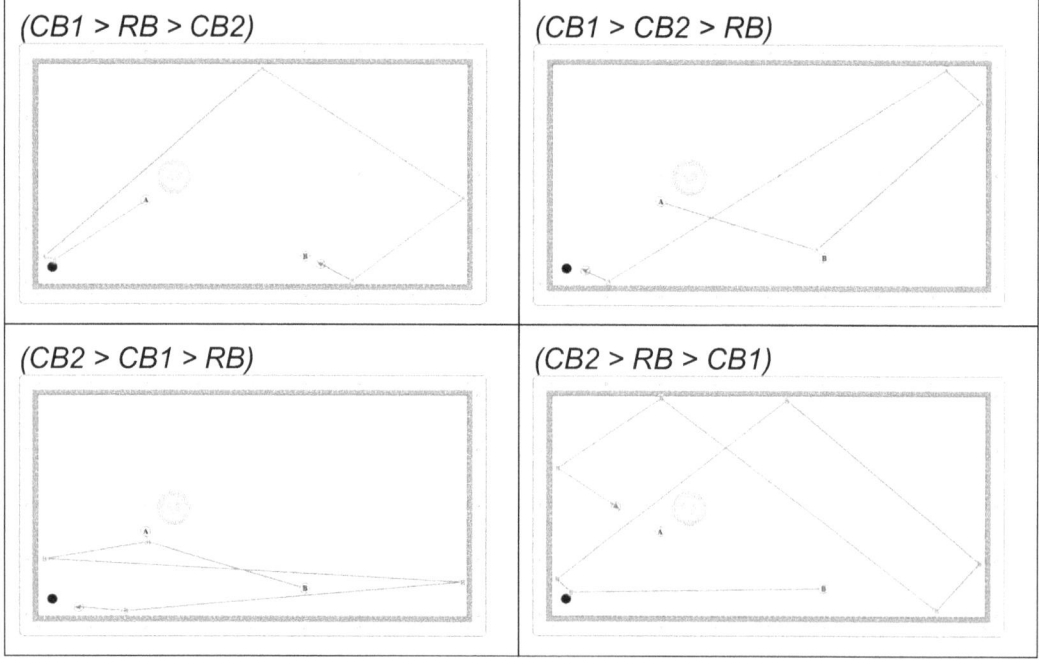

Grupp 5, set 11 (diagram 3)

Varje diagram är ett tillfälle att experimentera och testa din fantasi och dina skytte färdigheter.

Med tanke på layouten har du 4 möjliga praktiska val som du kan experimentera med och försöka olika lösningar.

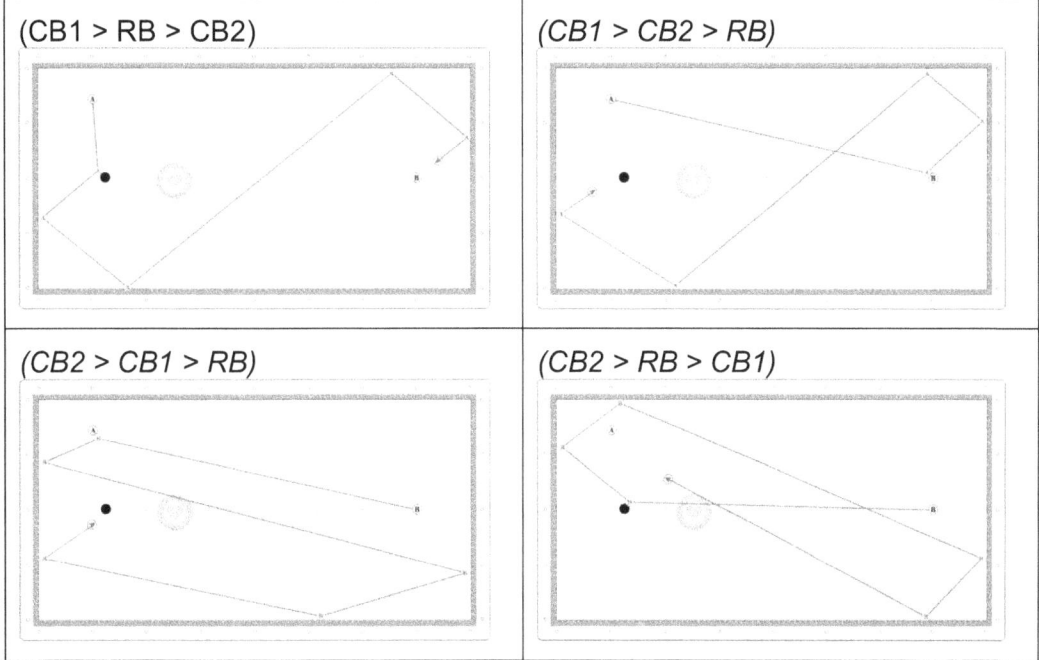

GRUPP 1
Grupp 1, set 1

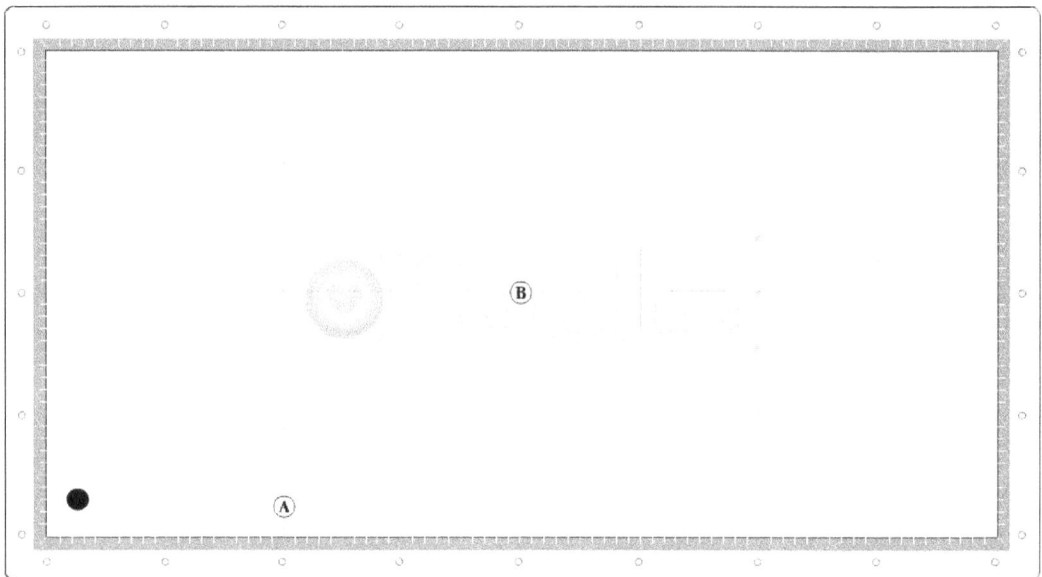

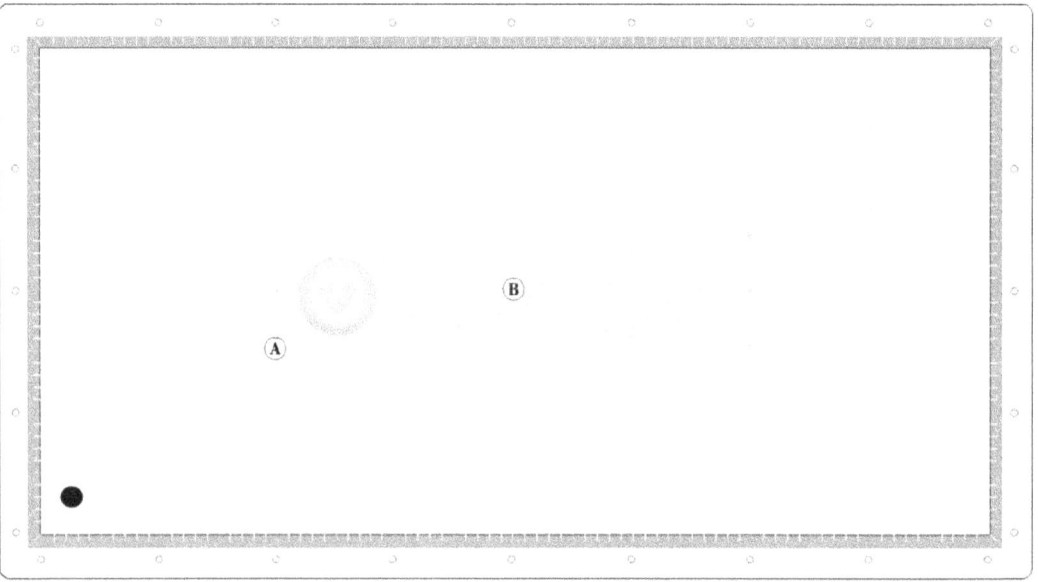

ANMÄRKNINGAR:

Carambole biljard: Fler gåtor och pussel

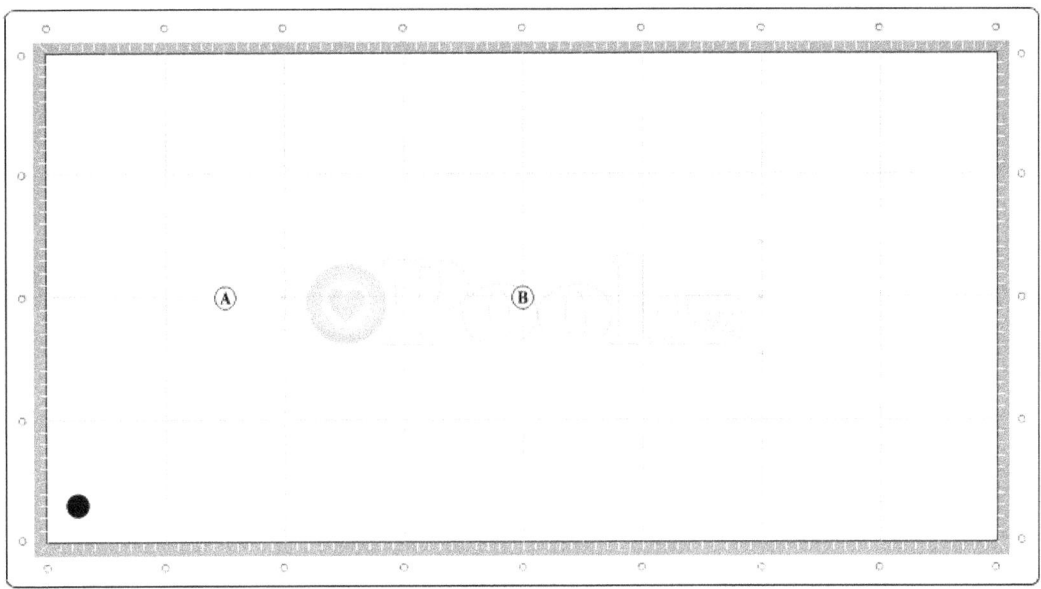

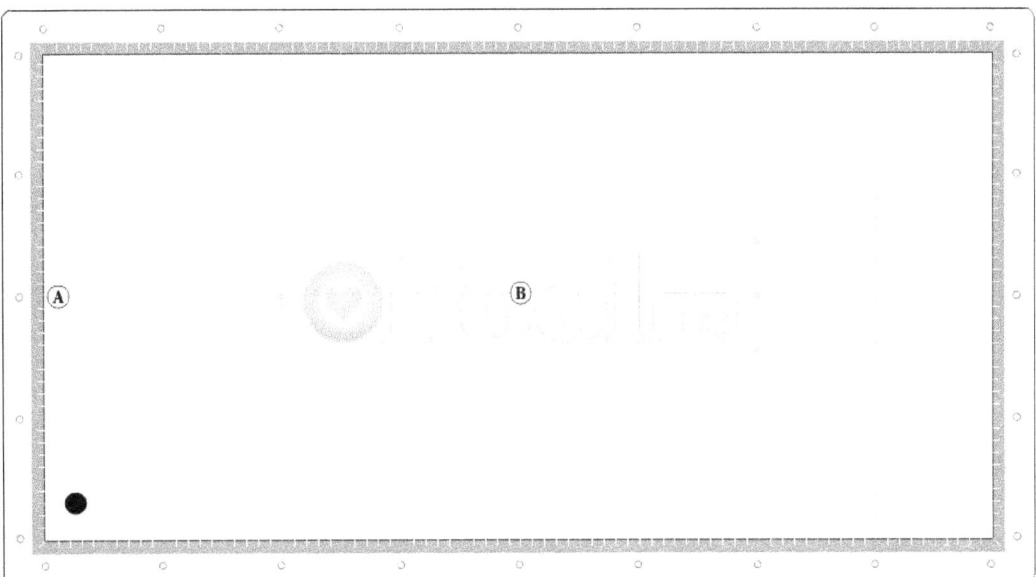

ANMÄRKNINGAR:

Grupp 1, set 2

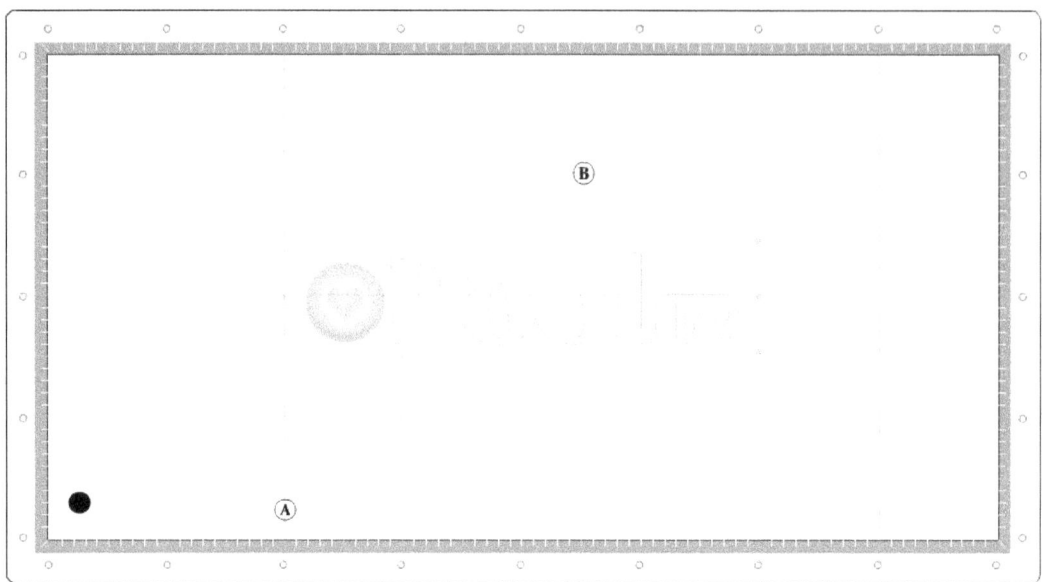

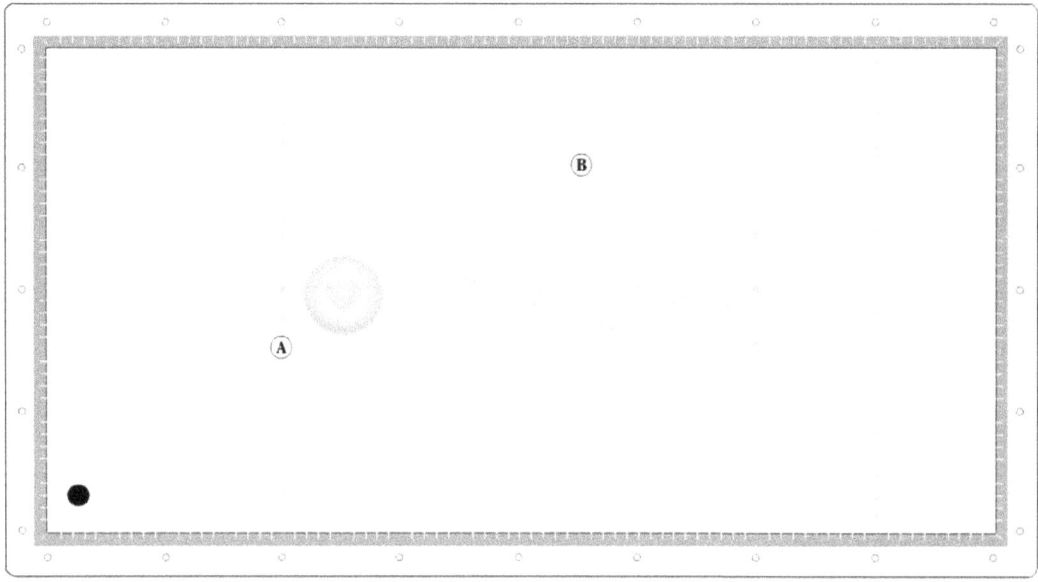

ANMÄRKNINGAR:

Carambole biljard: Fler gåtor och pussel

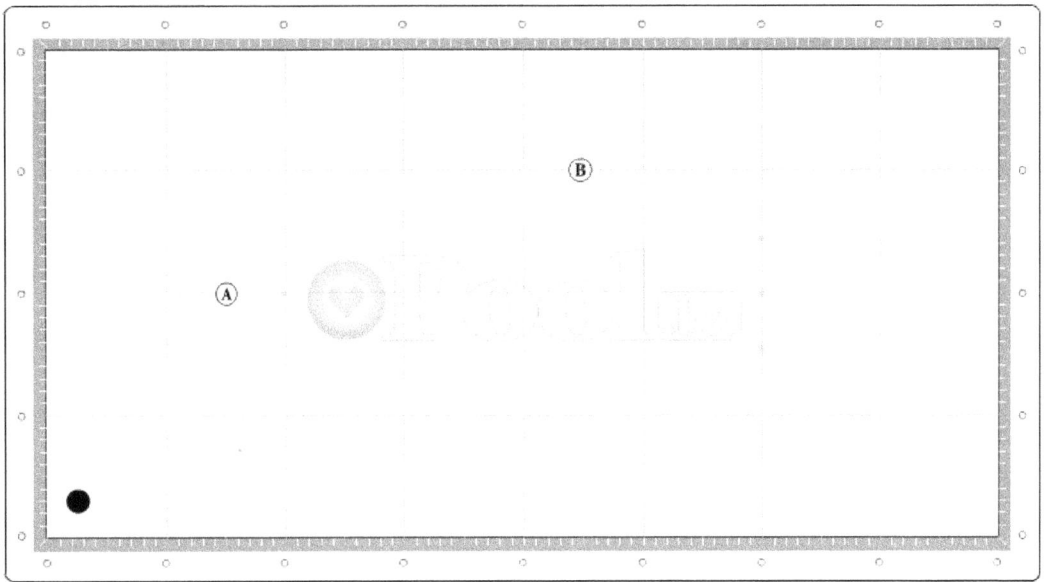

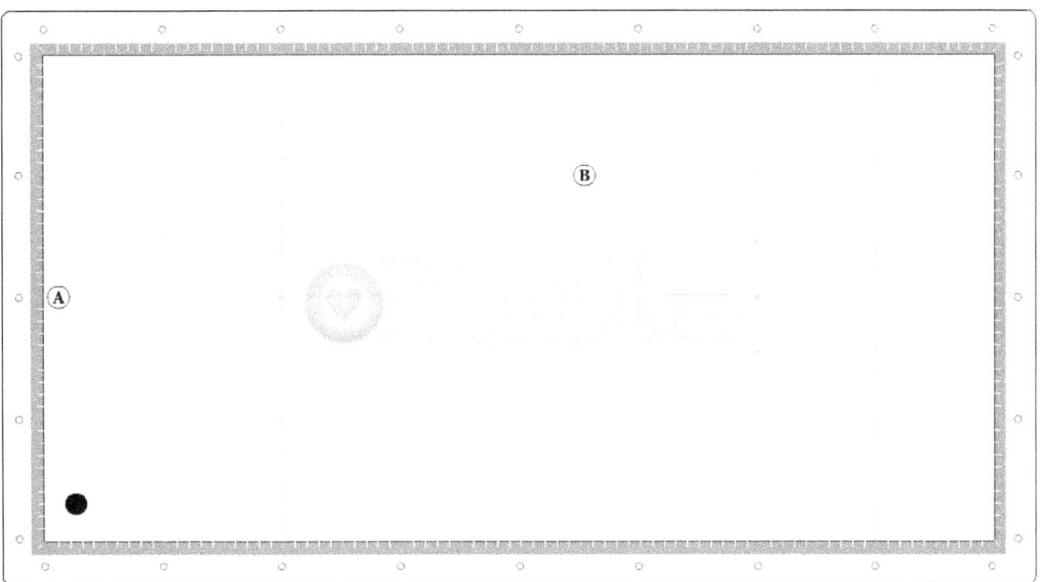

ANMÄRKNINGAR:

Grupp 1, set 3

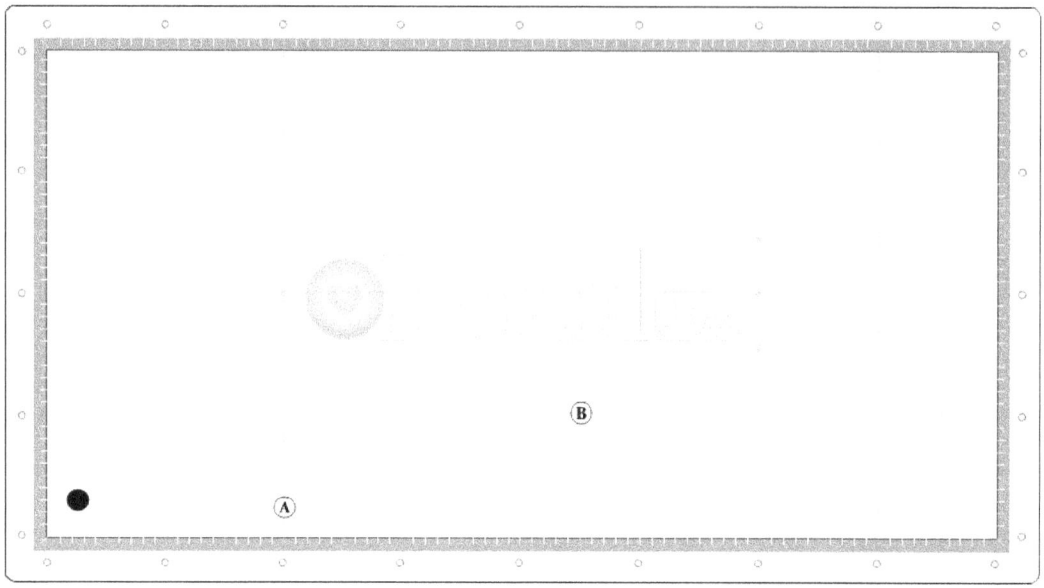

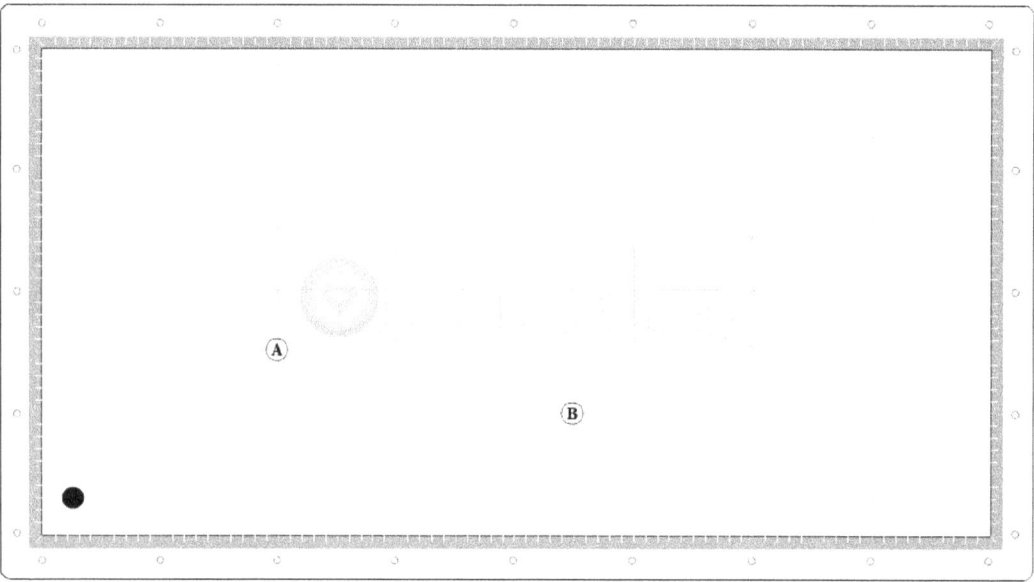

ANMÄRKNINGAR:

Carambole biljard: Fler gåtor och pussel

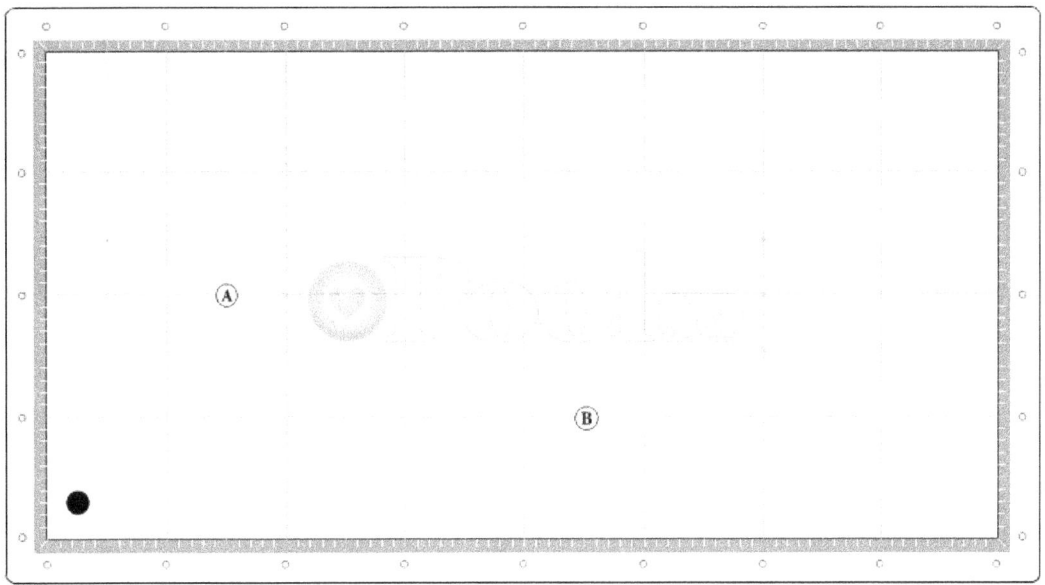

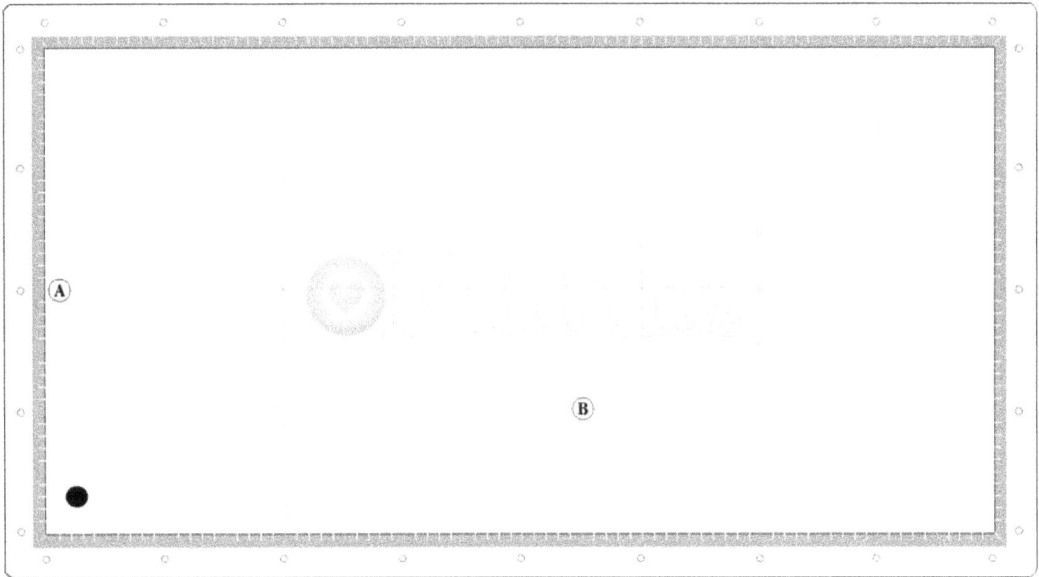

ANMÄRKNINGAR:

Grupp 1, set 4

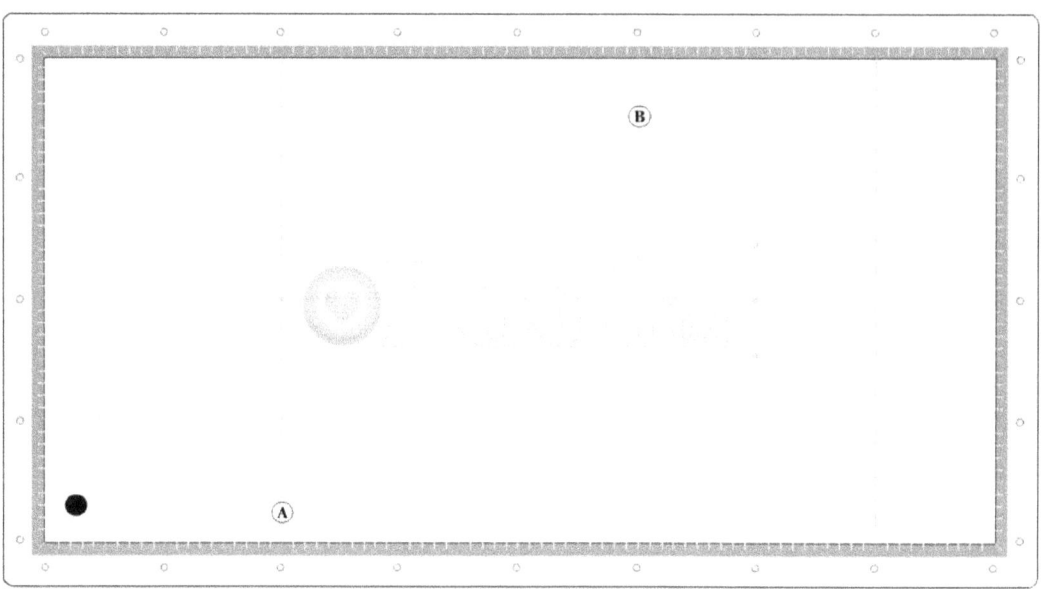

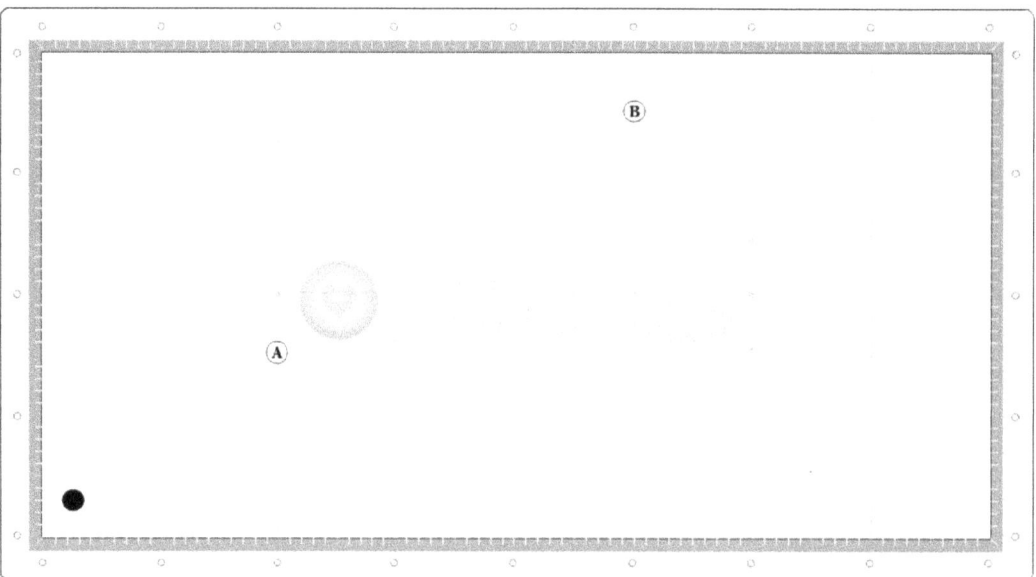

ANMÄRKNINGAR:

Carambole biljard: Fler gåtor och pussel

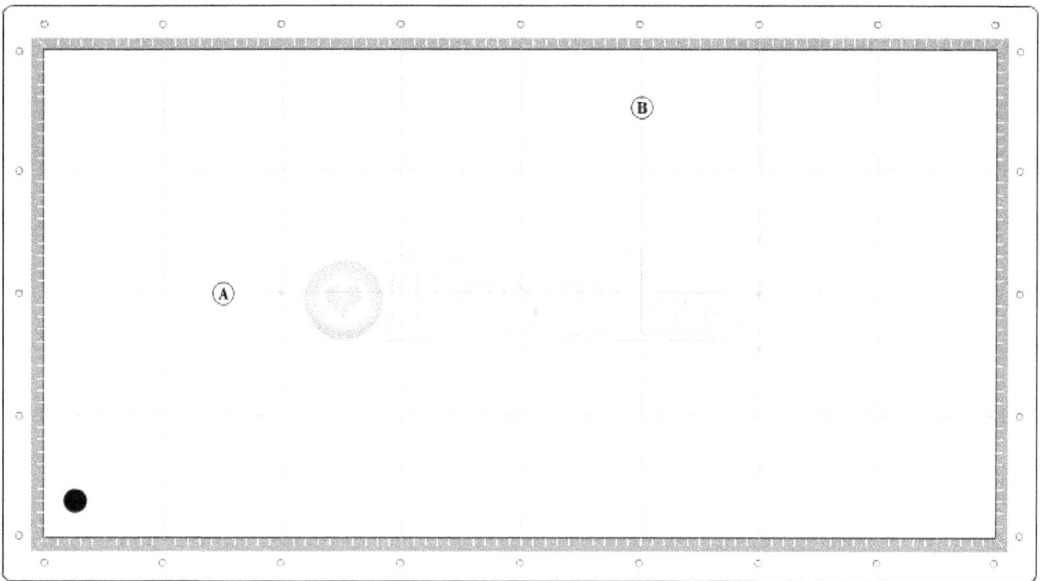

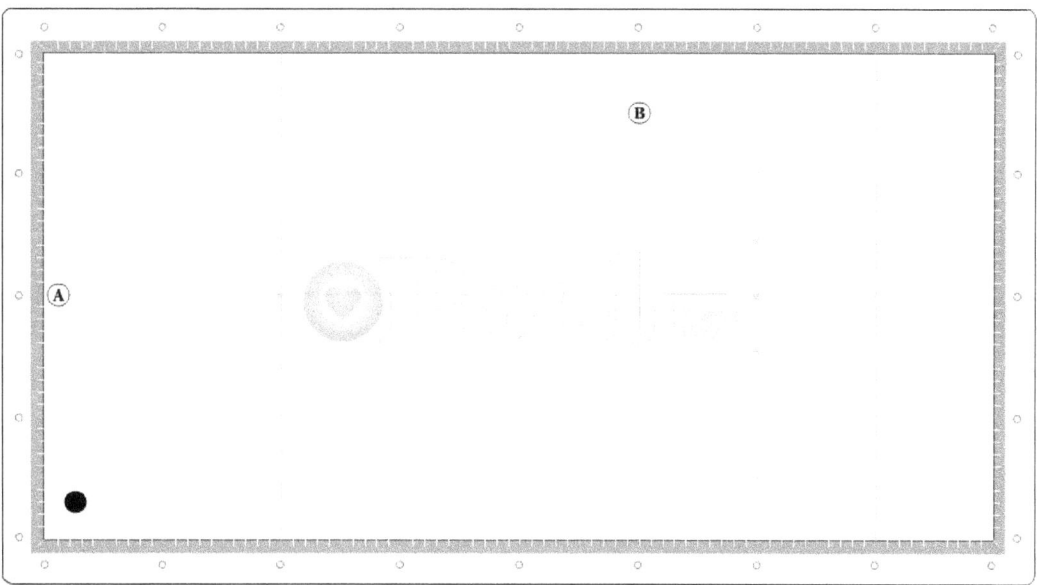

ANMÄRKNINGAR:

Grupp 1, set 5

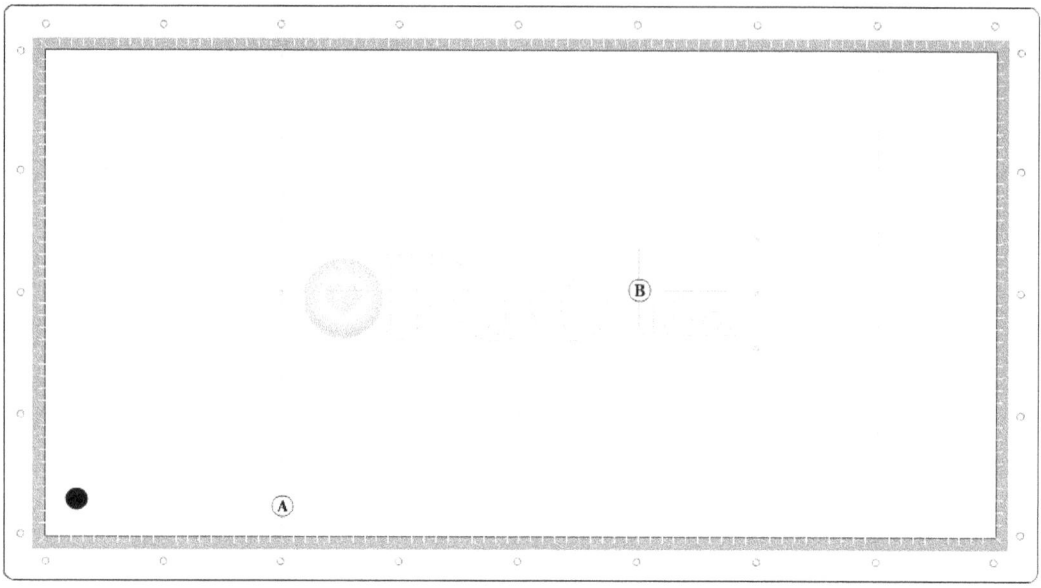

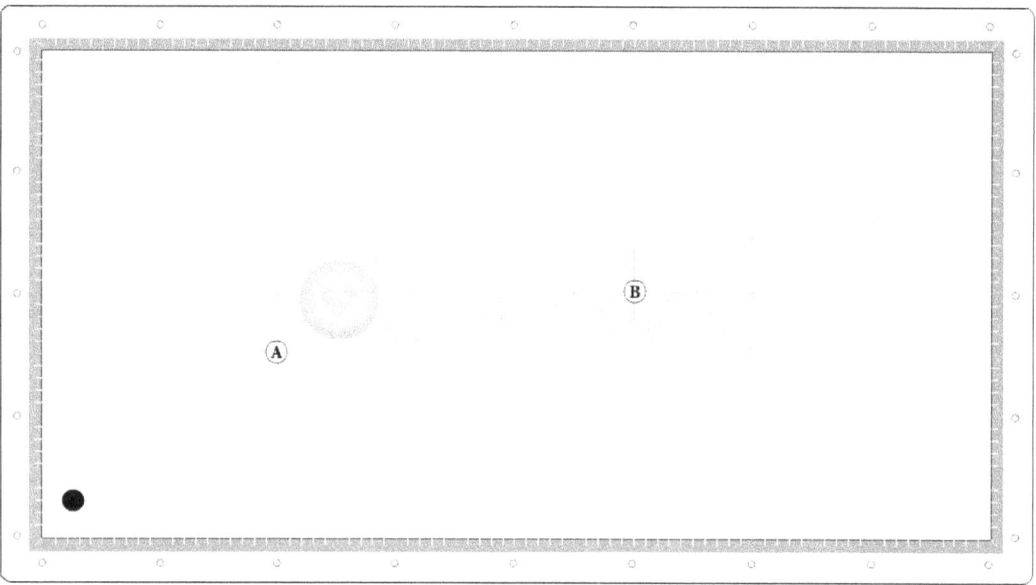

ANMÄRKNINGAR:

Carambole biljard: Fler gåtor och pussel

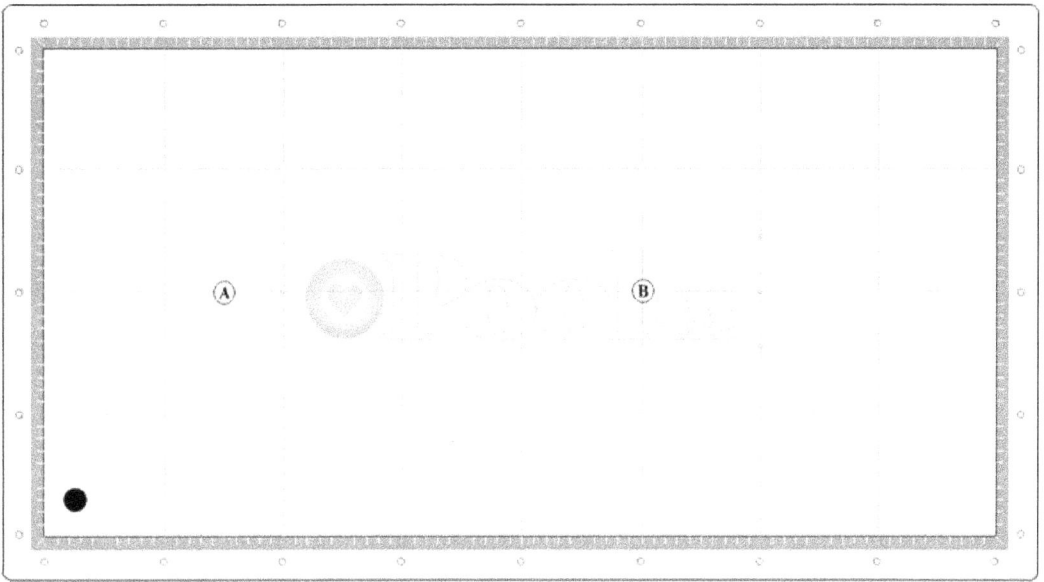

ANMÄRKNINGAR:

Grupp 1, set 6

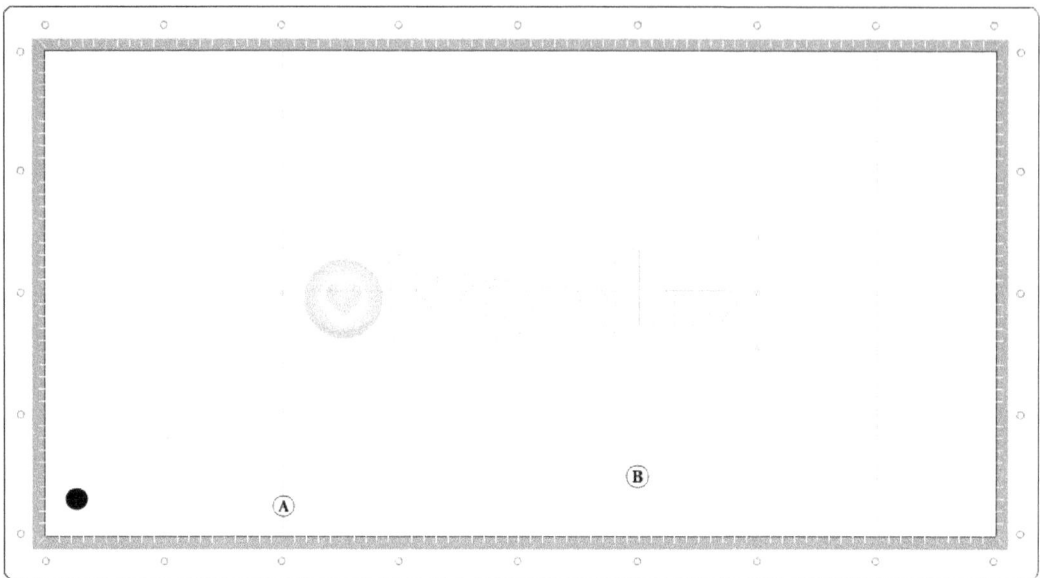

(På framsidan av den här boken finns det 4 provlösningar av denna layout.)

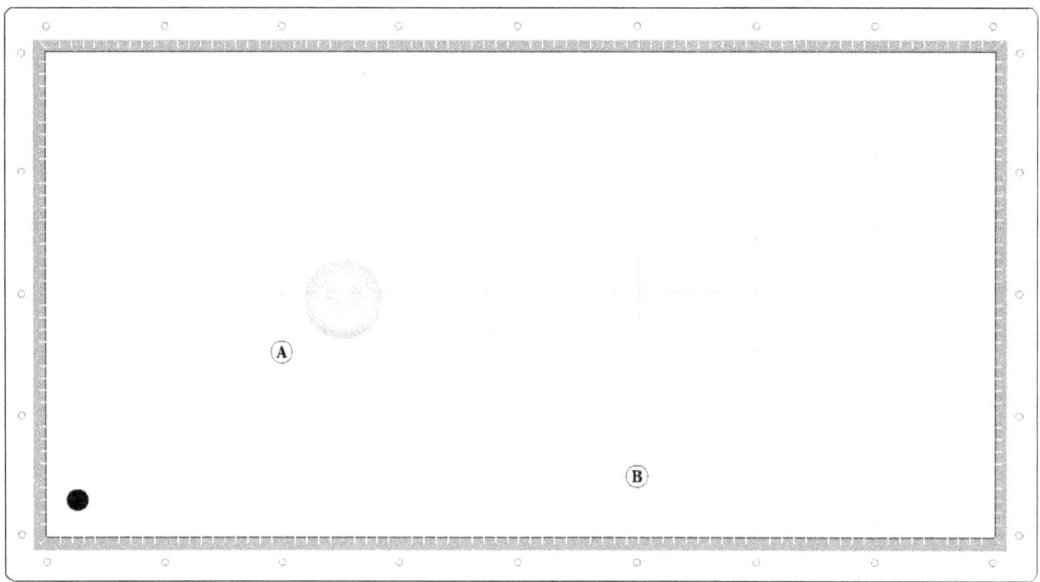

ANMÄRKNINGAR:

Carambole biljard: Fler gåtor och pussel

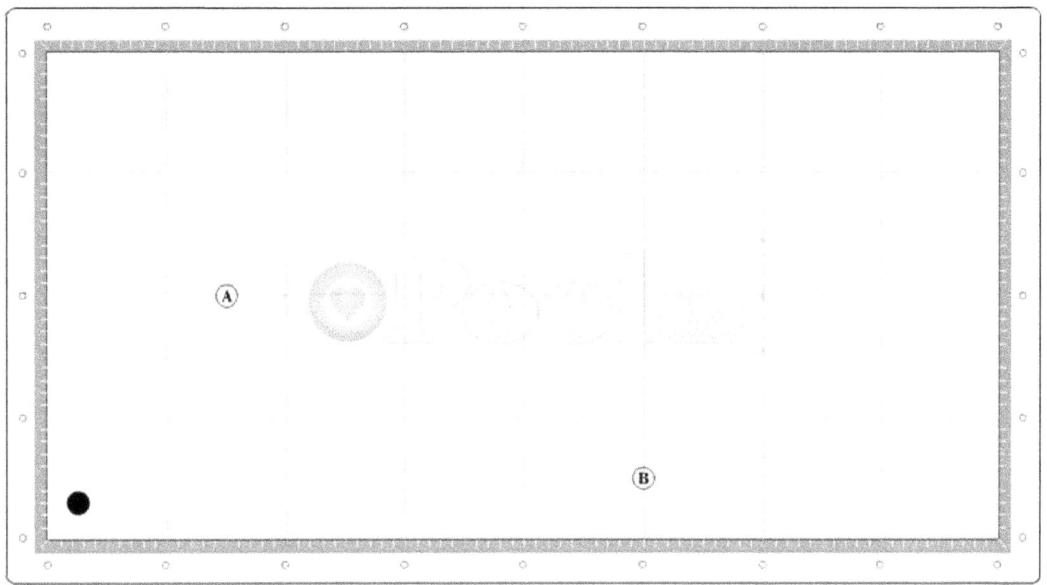

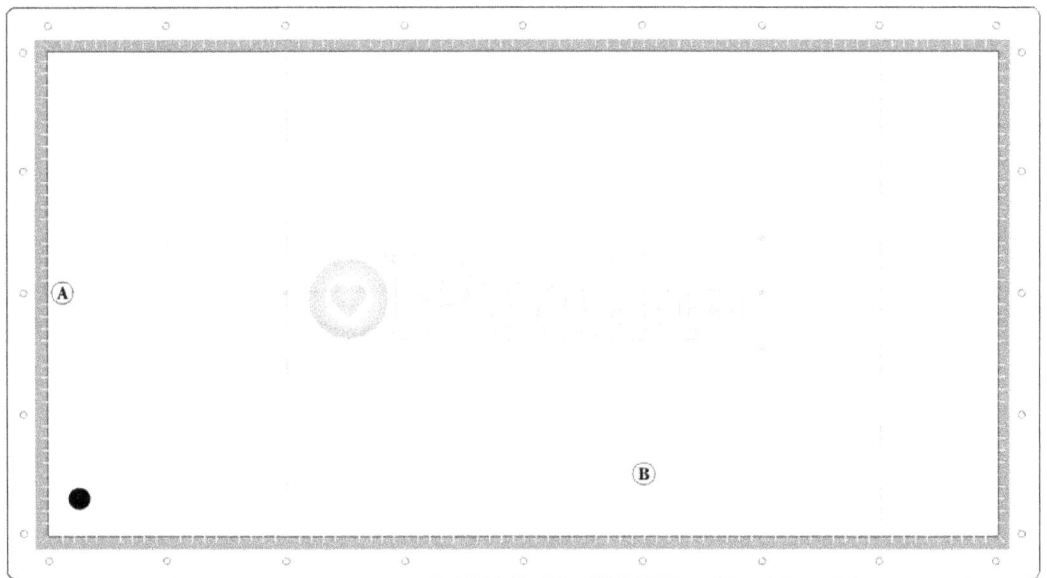

ANMÄRKNINGAR:

Grupp 1, set 7

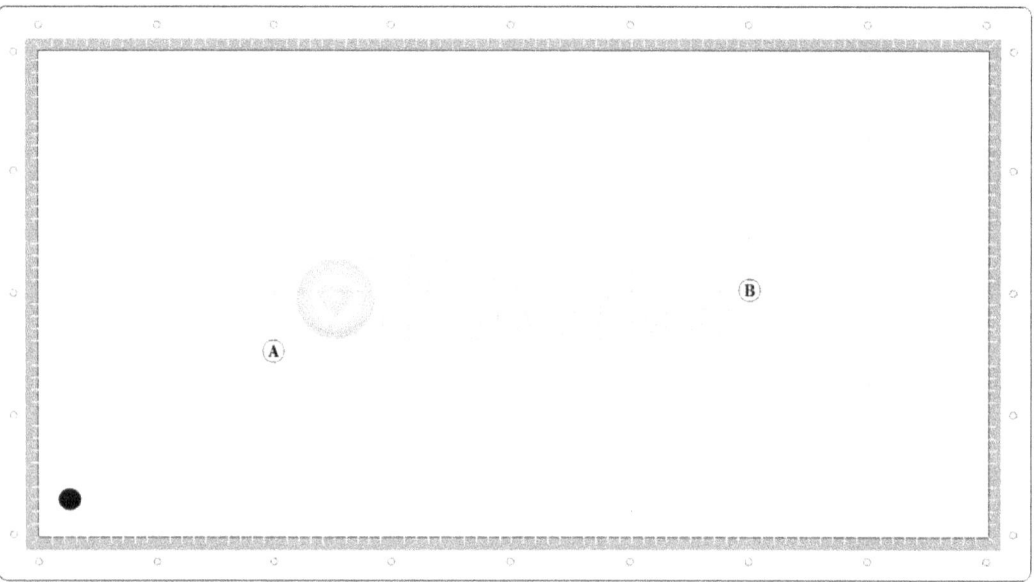

ANMÄRKNINGAR:

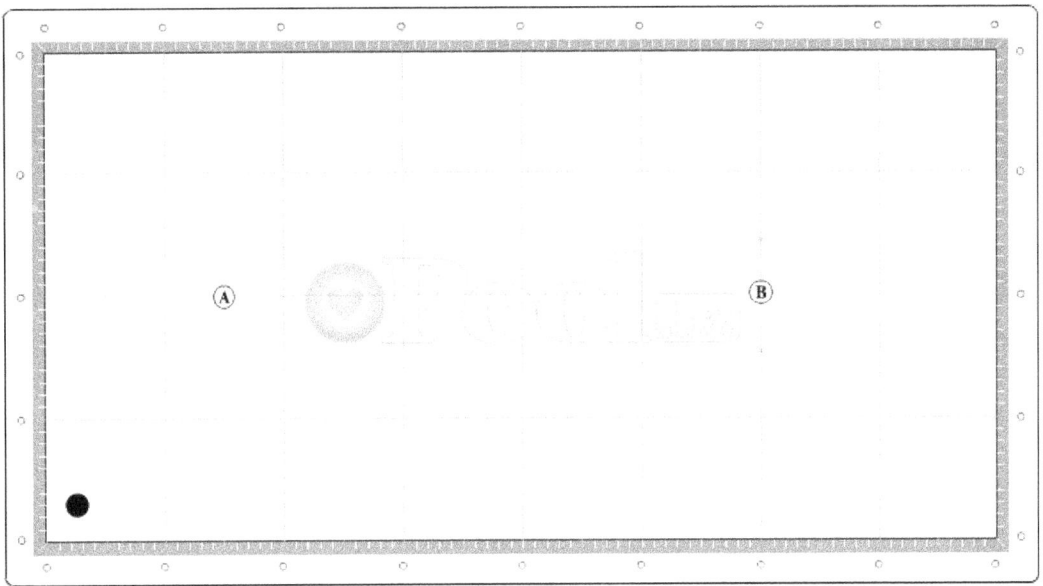

ANMÄRKNINGAR:

Grupp 1, set 8

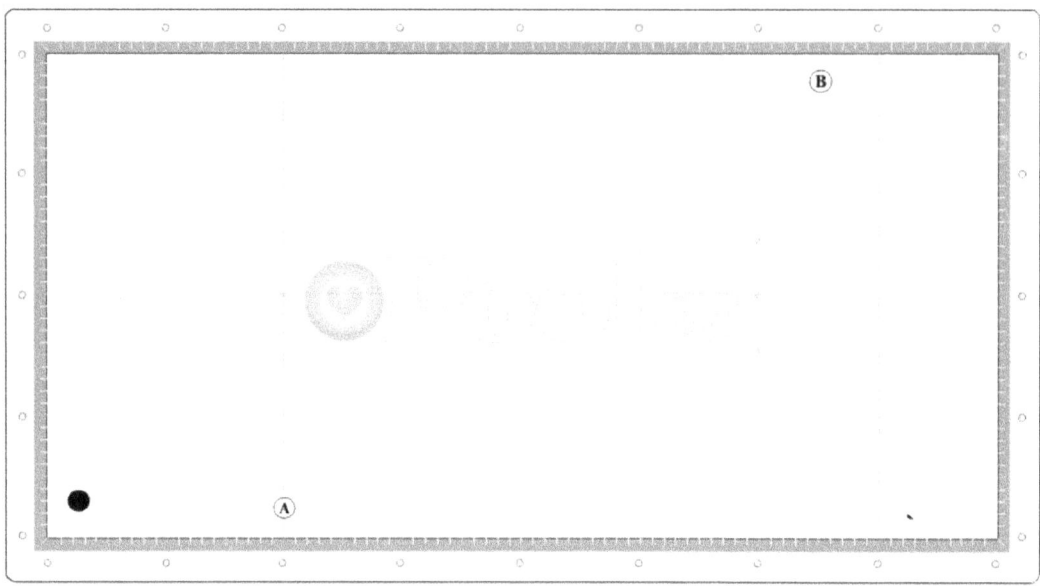

ANMÄRKNINGAR:

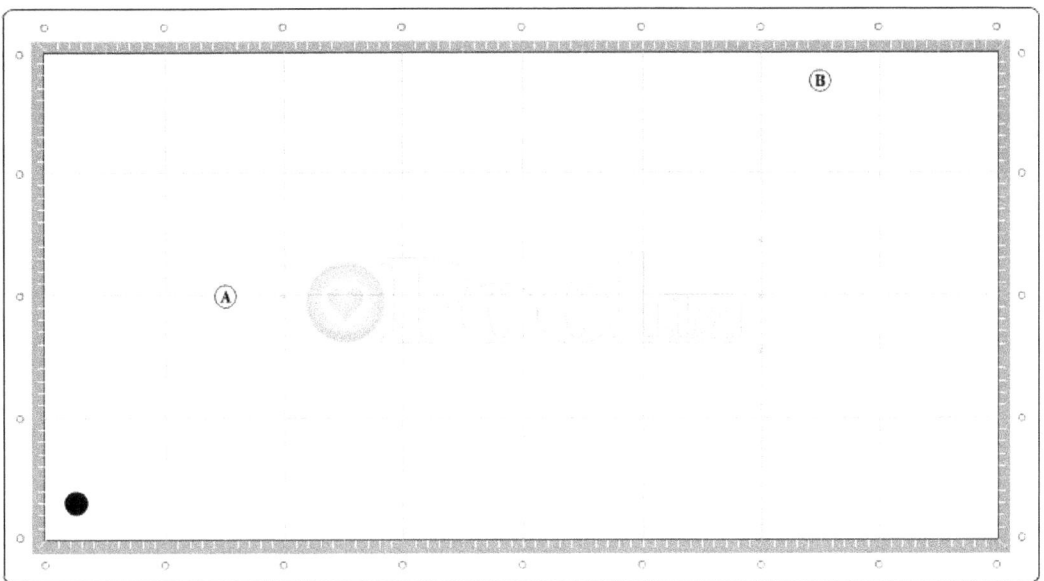

ANMÄRKNINGAR:

Grupp 1, set 9

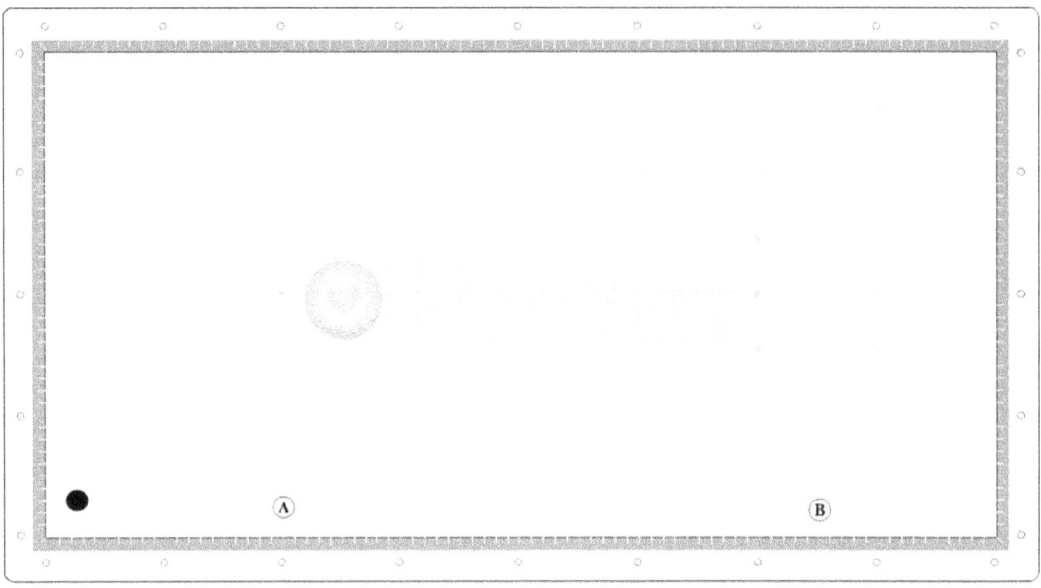

ANMÄRKNINGAR:

Carambole biljard: Fler gåtor och pussel

ANMÄRKNINGAR:

Grupp 1, set 10

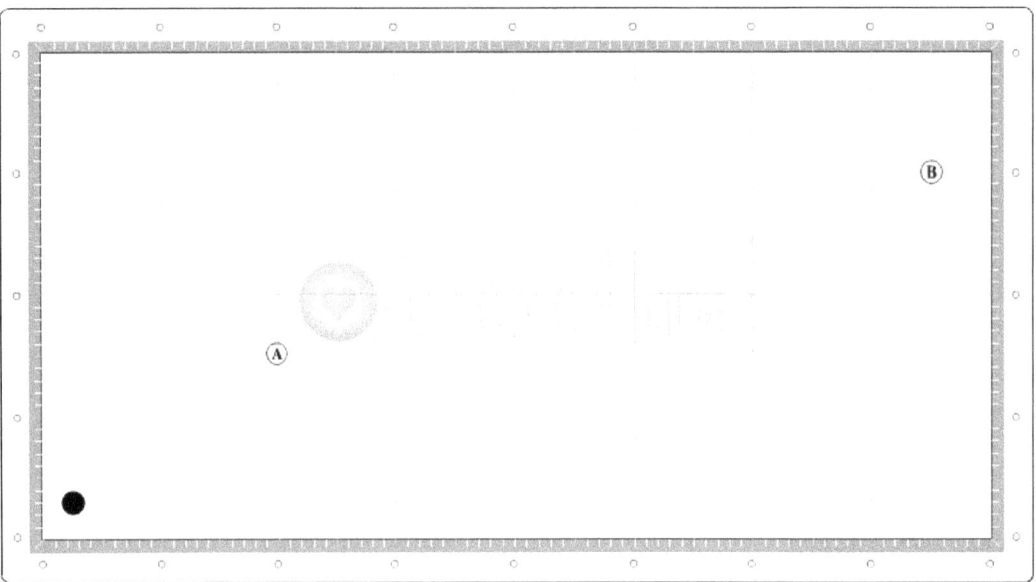

ANMÄRKNINGAR:

Carambole biljard: Fler gåtor och pussel

ANMÄRKNINGAR:

Grupp 1, set 11

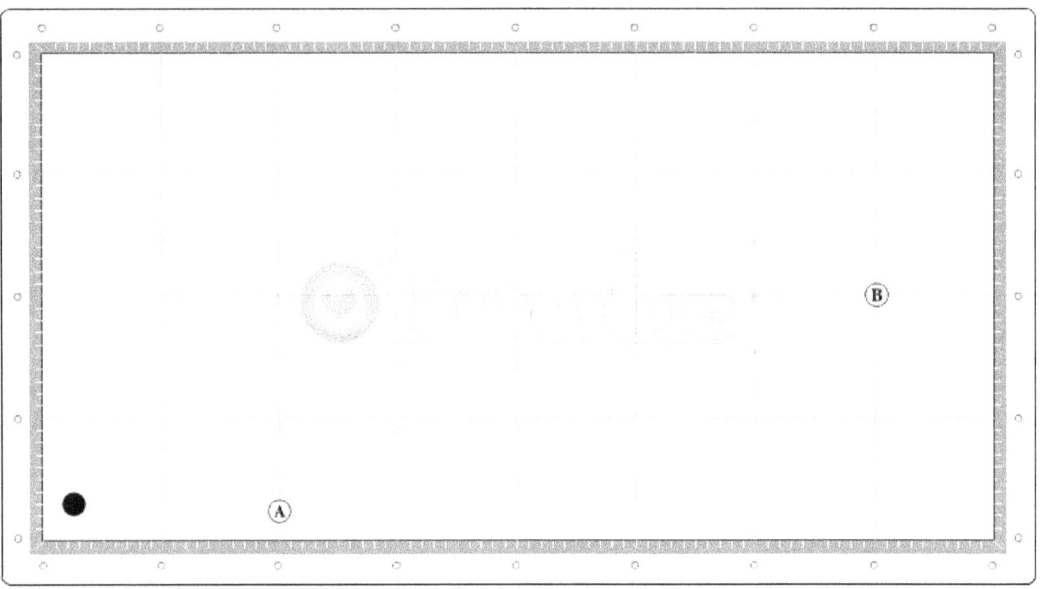

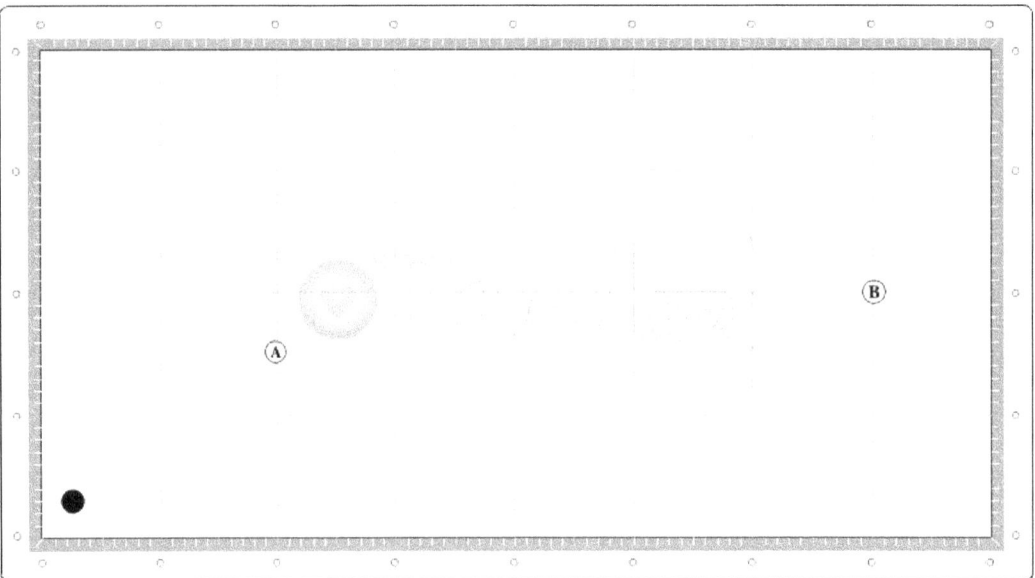

ANMÄRKNINGAR:

Carambole biljard: Fler gåtor och pussel

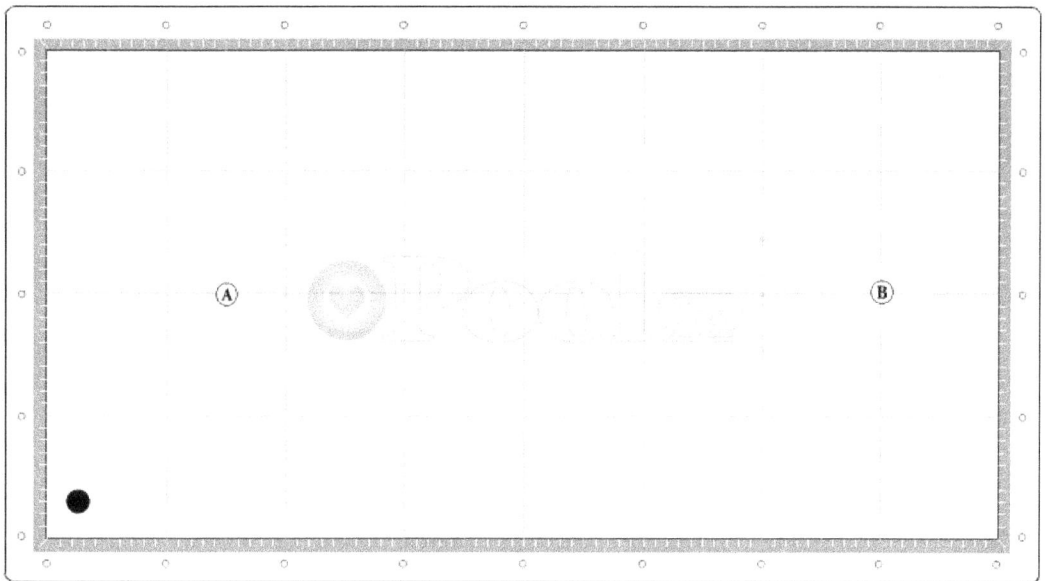

ANMÄRKNINGAR:

Grupp 1, set 12

ANMÄRKNINGAR:

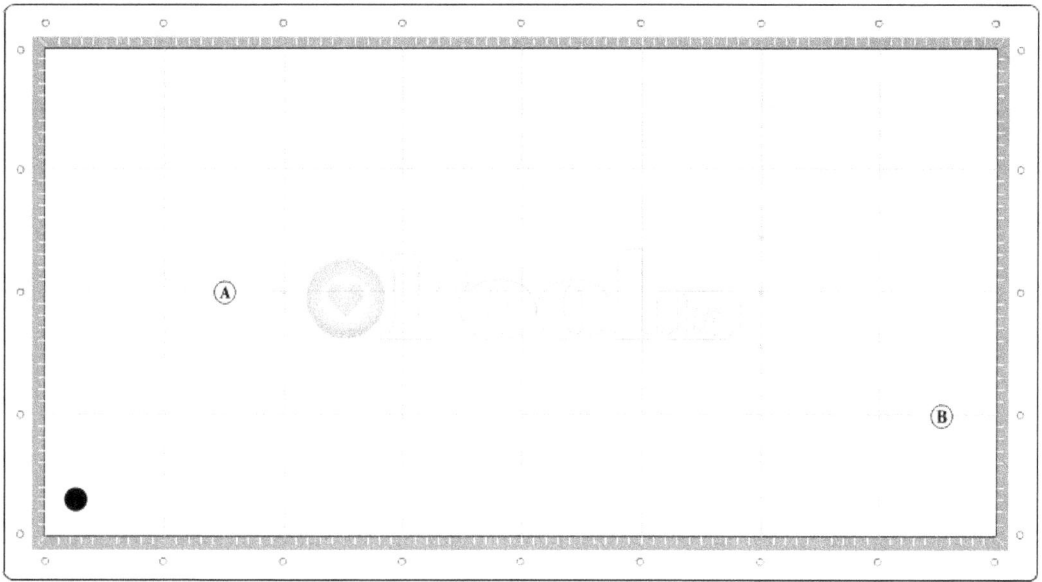

ANMÄRKNINGAR:

GRUPP 2
Grupp 2, set 1

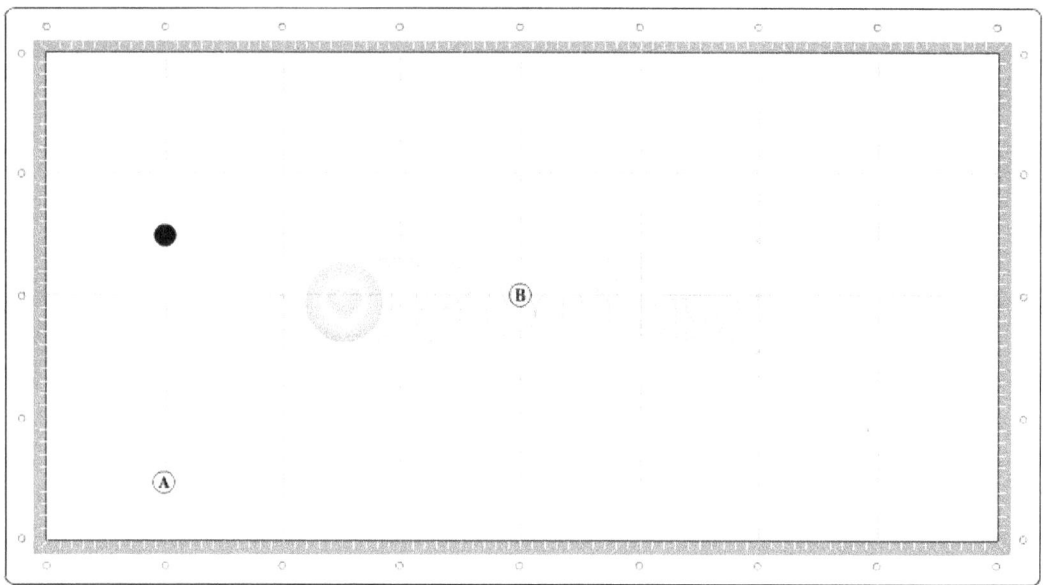

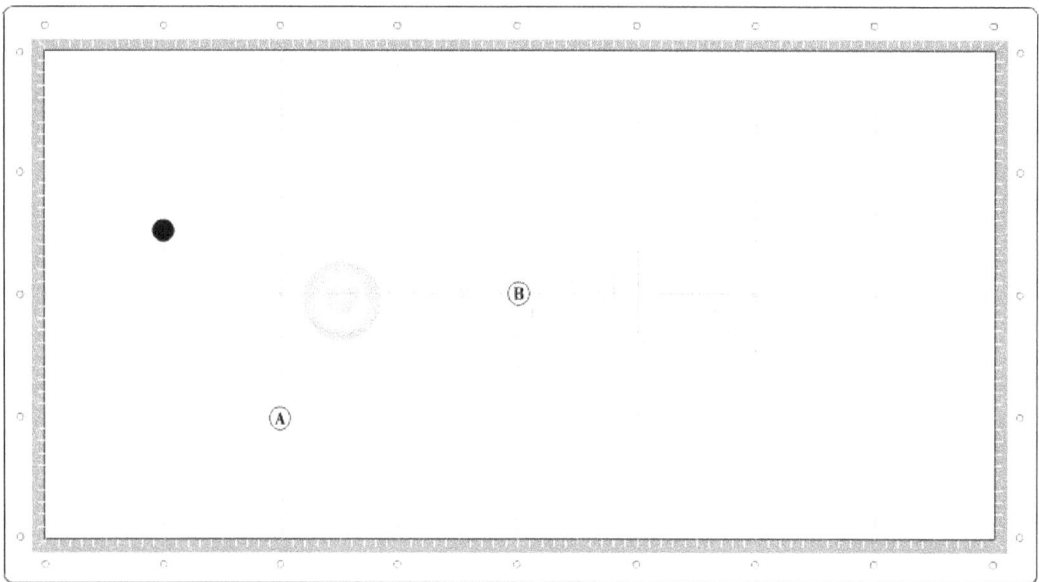

ANMÄRKNINGAR:

Carambole biljard: Fler gåtor och pussel

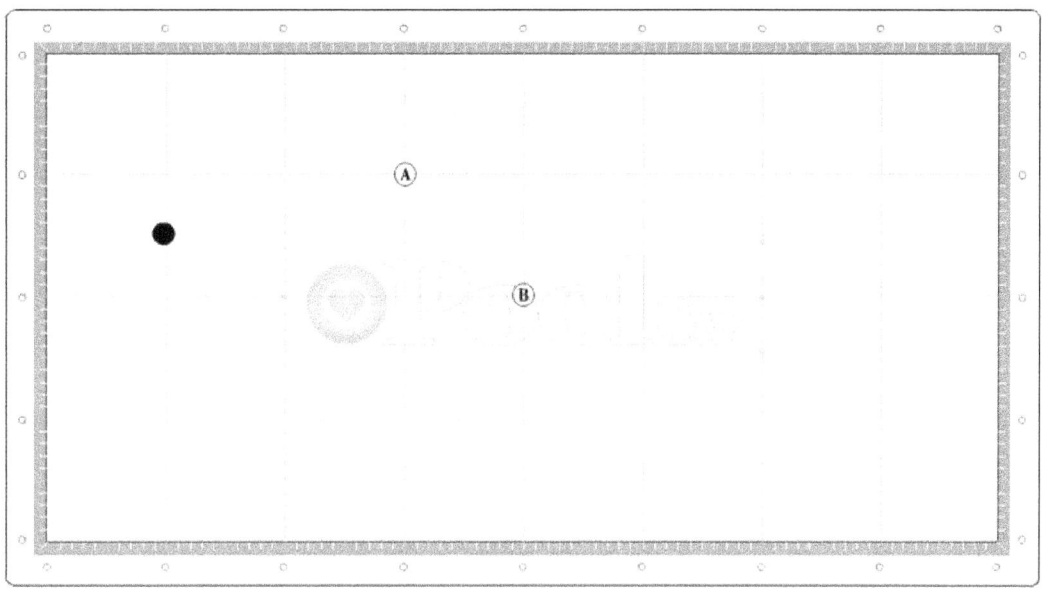

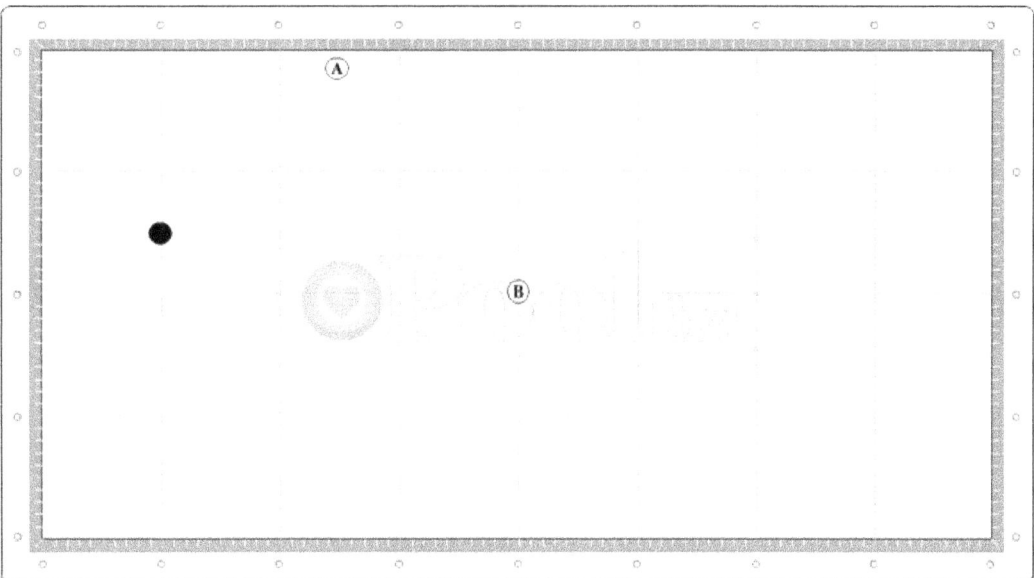

ANMÄRKNINGAR:

Grupp 2, set 2

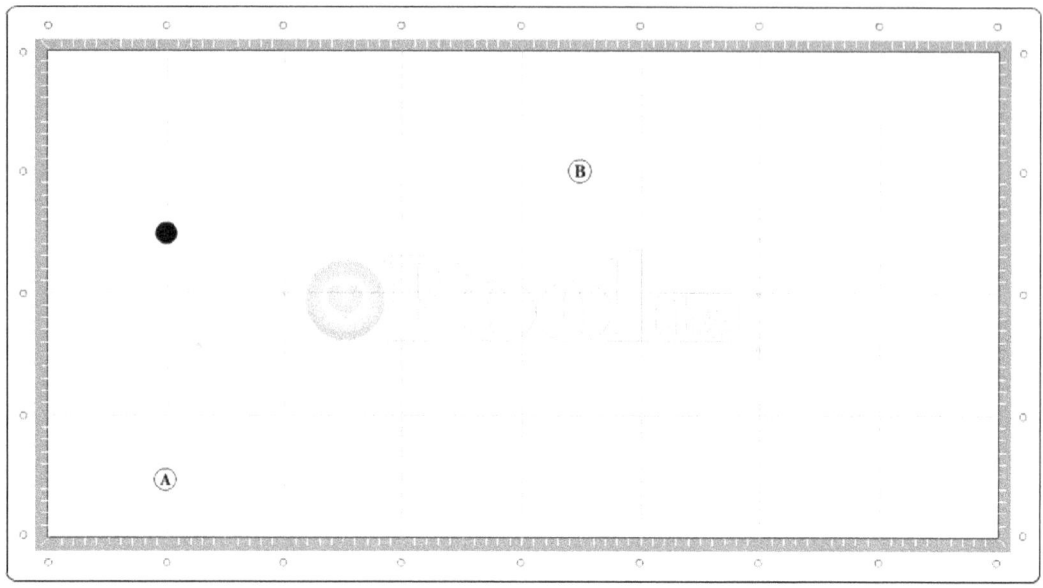

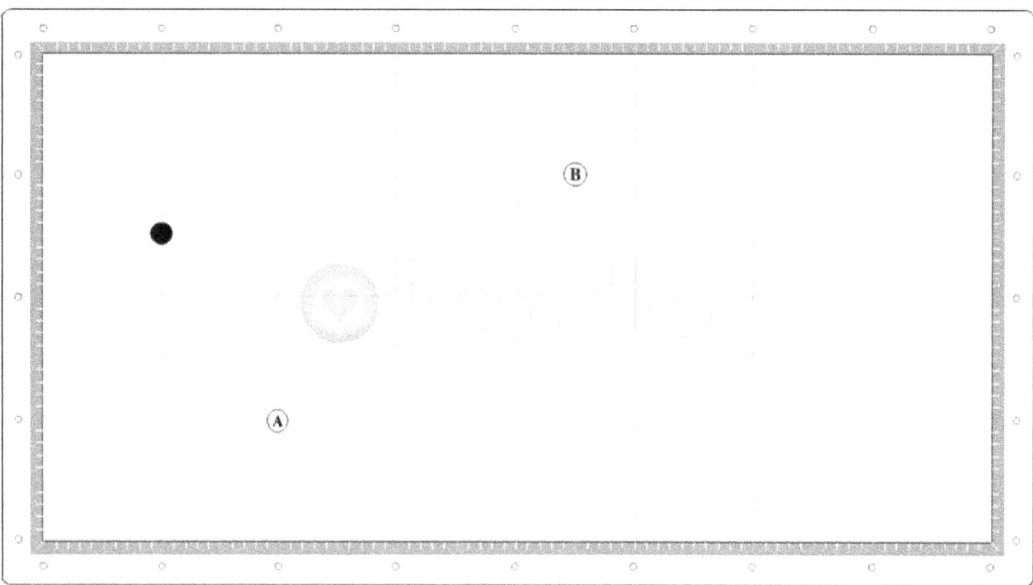

ANMÄRKNINGAR:

Carambole biljard: Fler gåtor och pussel

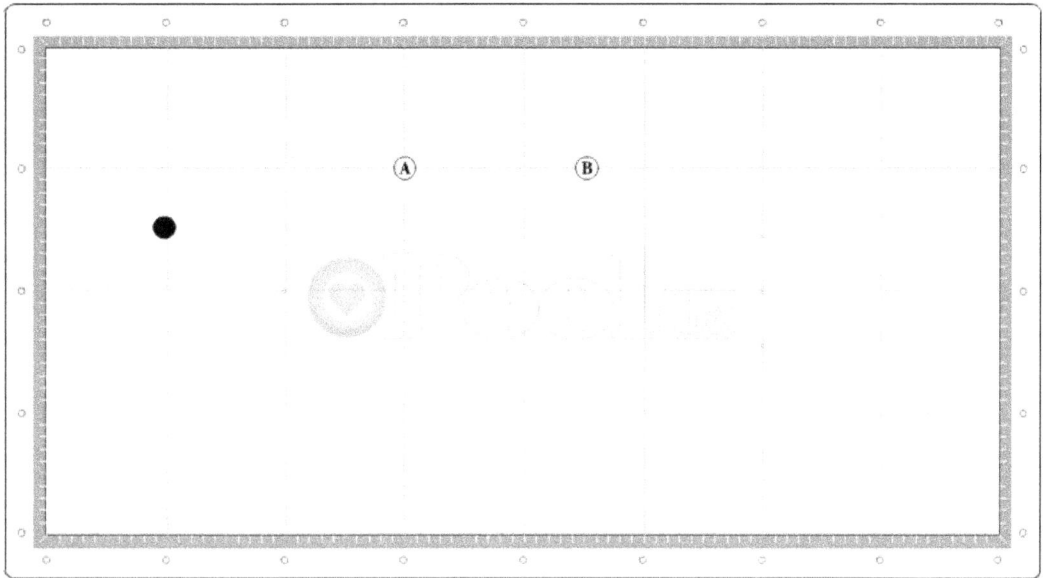

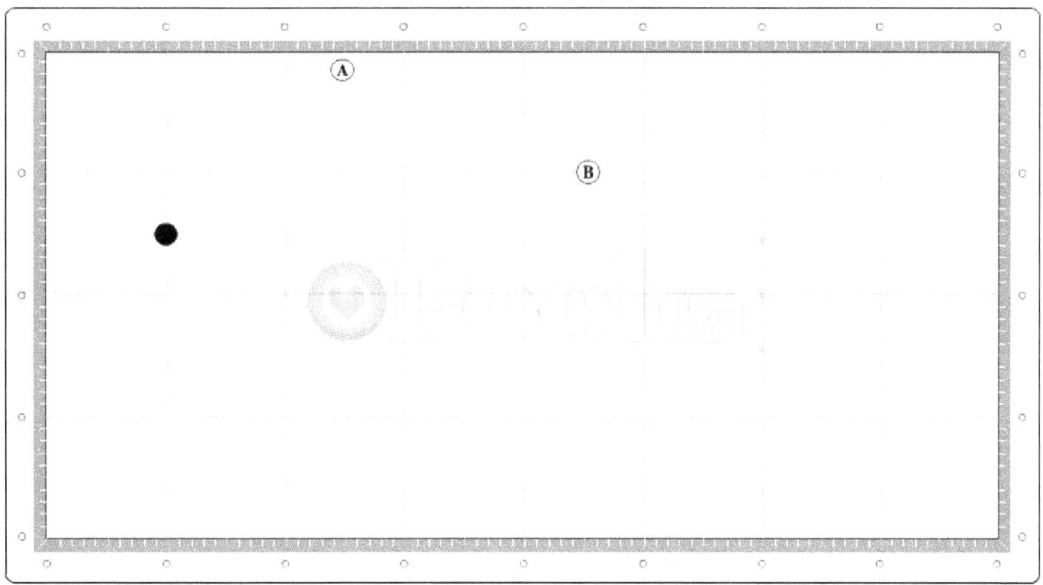

ANMÄRKNINGAR:

Grupp 2, set 3

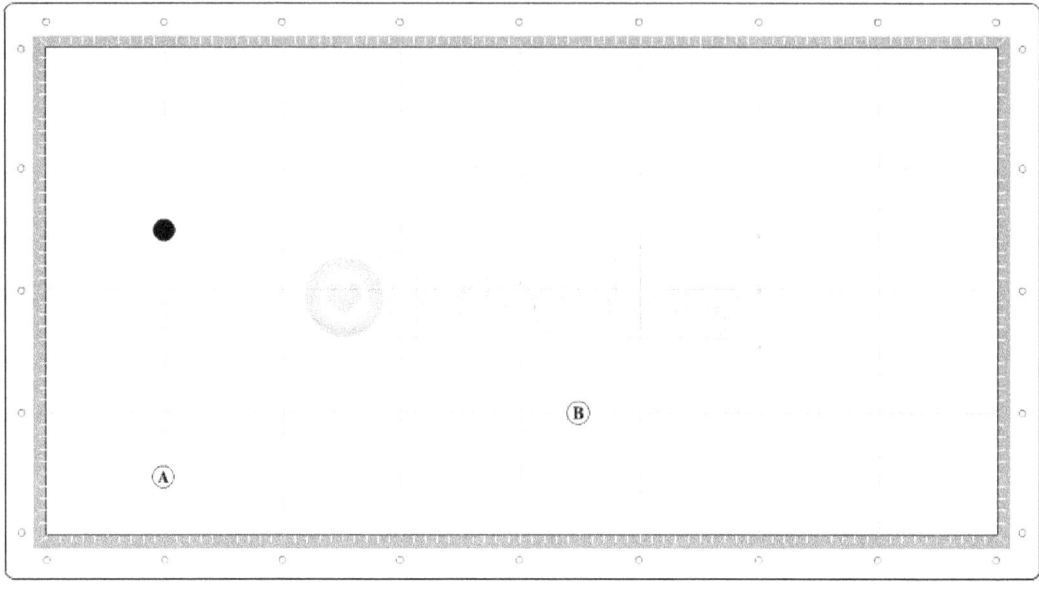

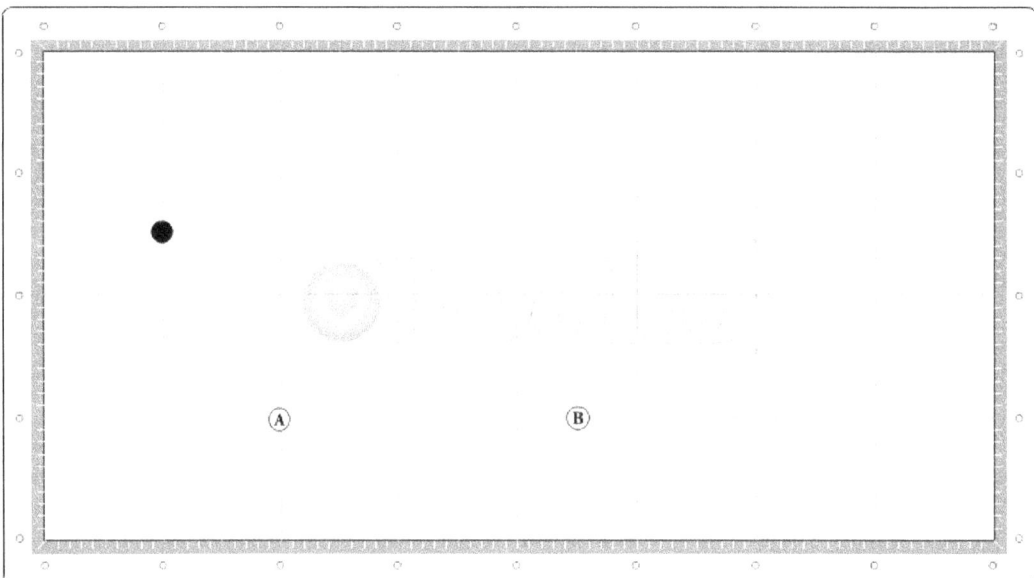

ANMÄRKNINGAR:

Carambole biljard: Fler gåtor och pussel

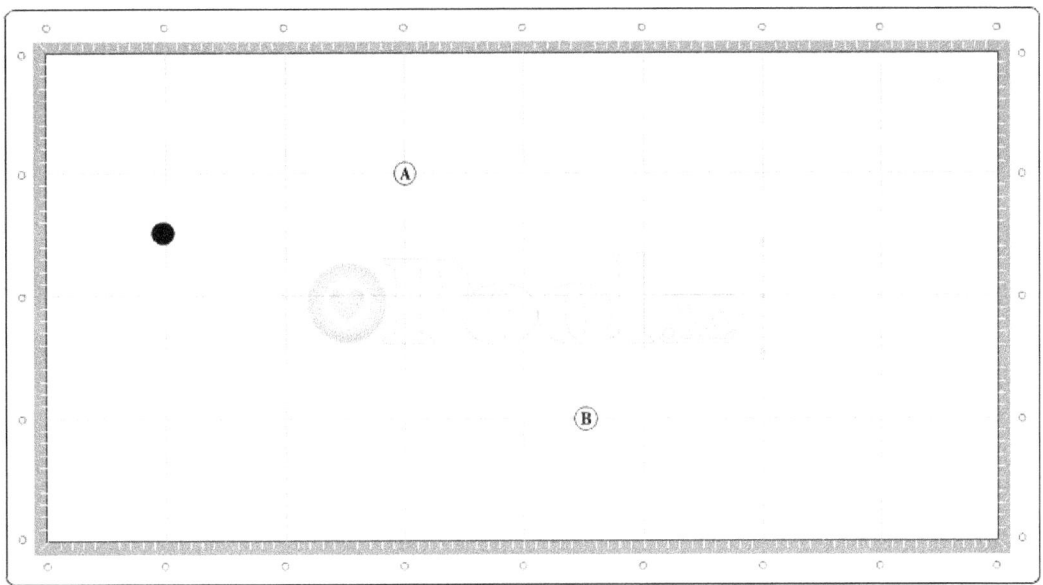

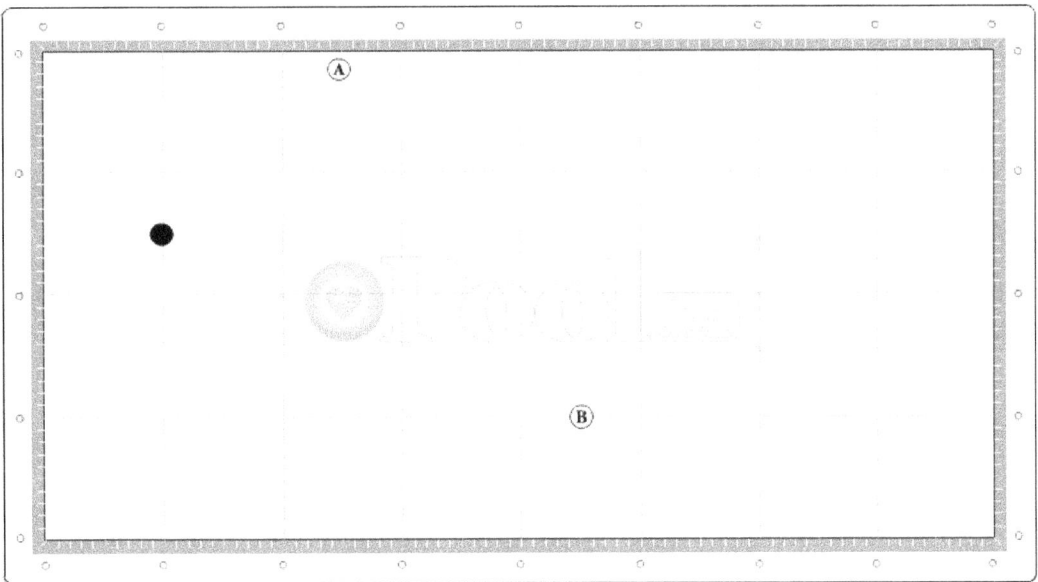

ANMÄRKNINGAR:

Grupp 2, set 4

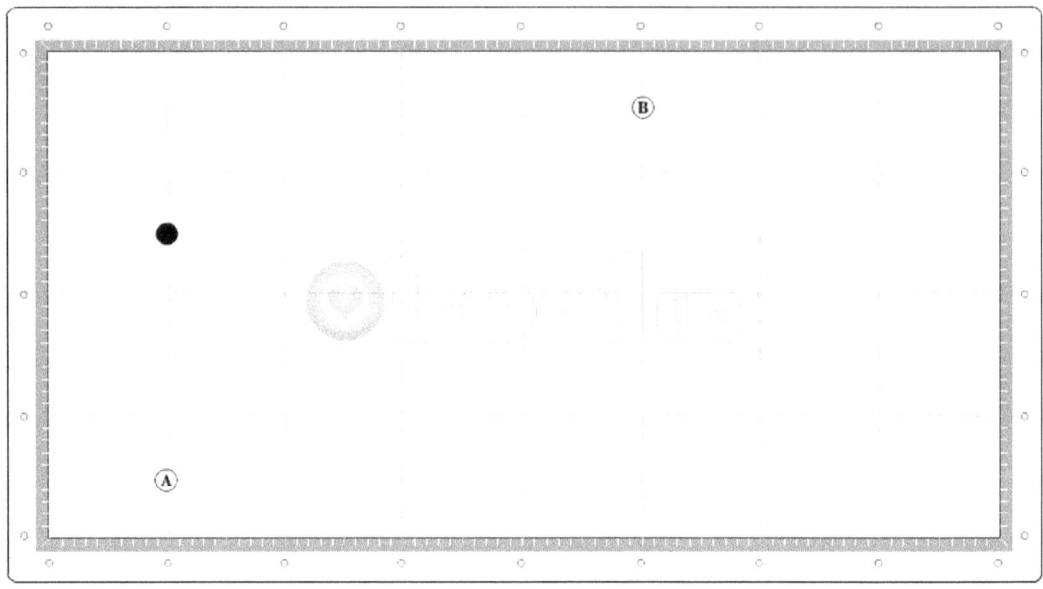

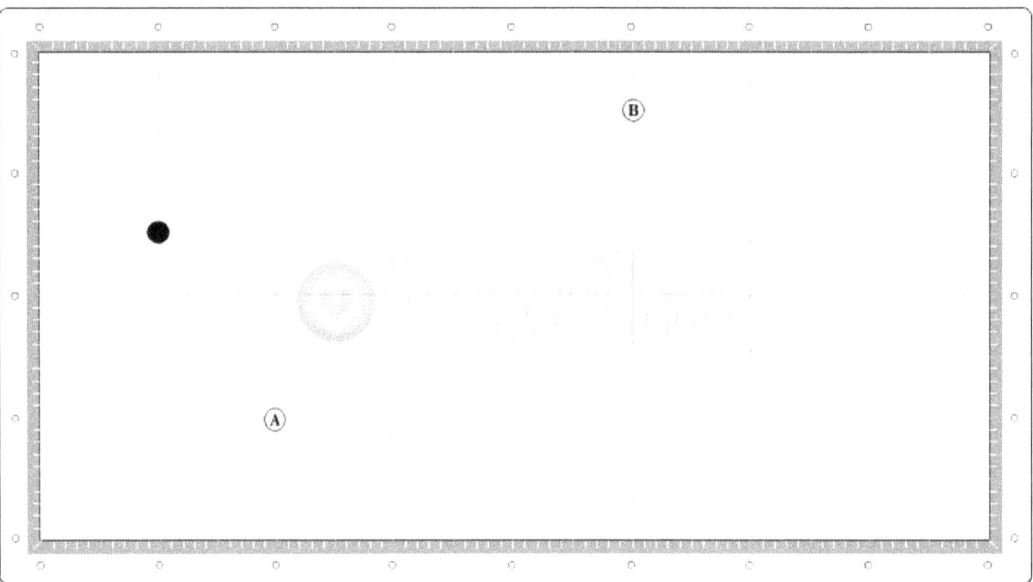

ANMÄRKNINGAR:

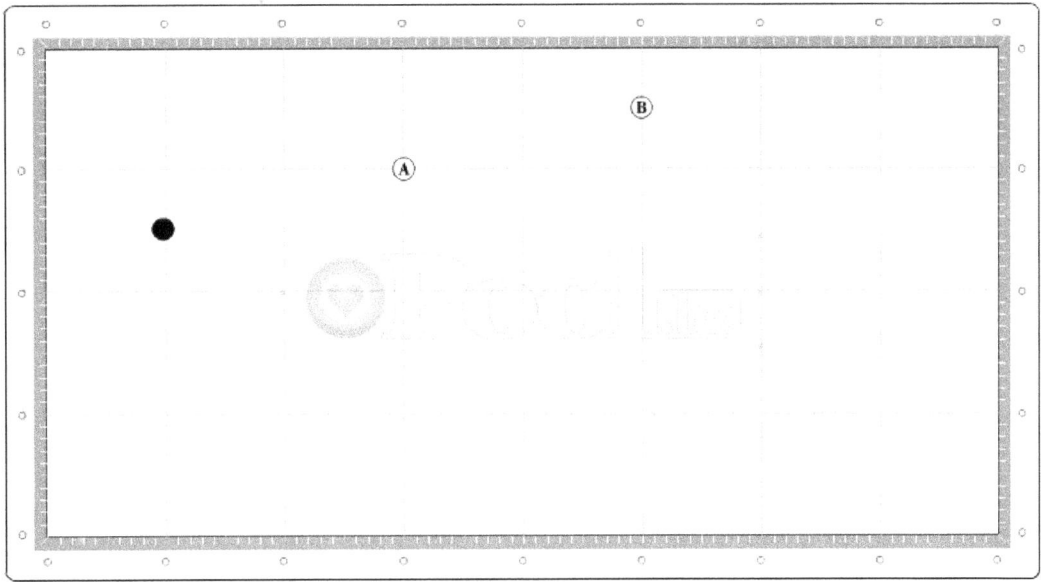

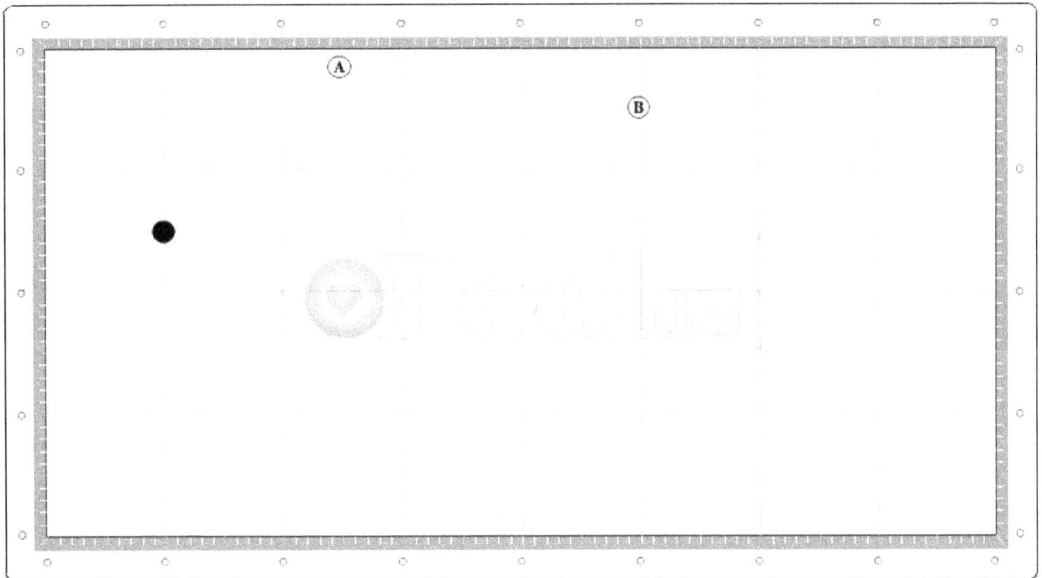

ANMÄRKNINGAR:

Grupp 2, set 5

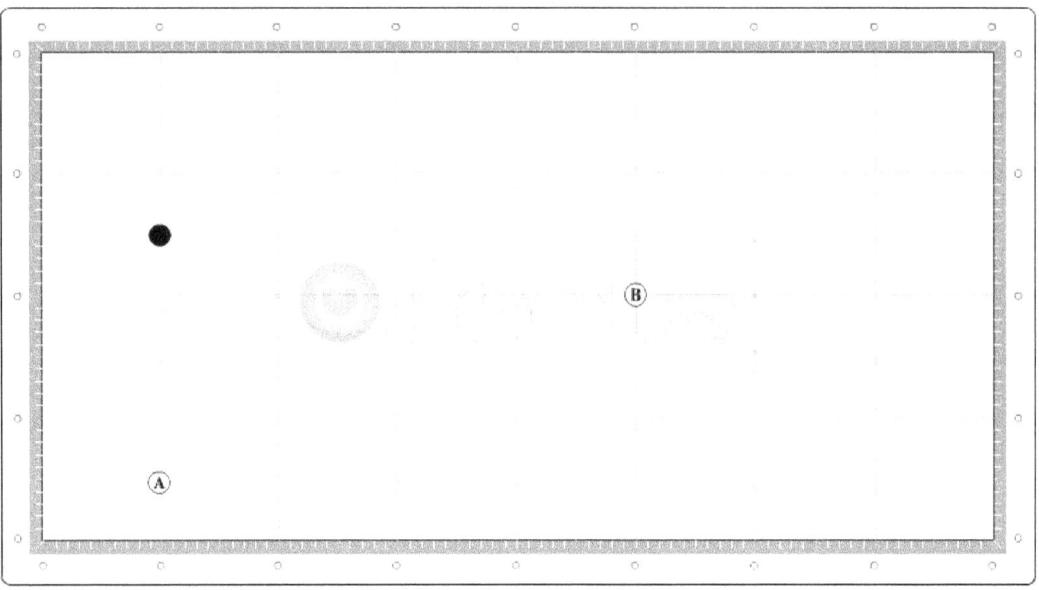

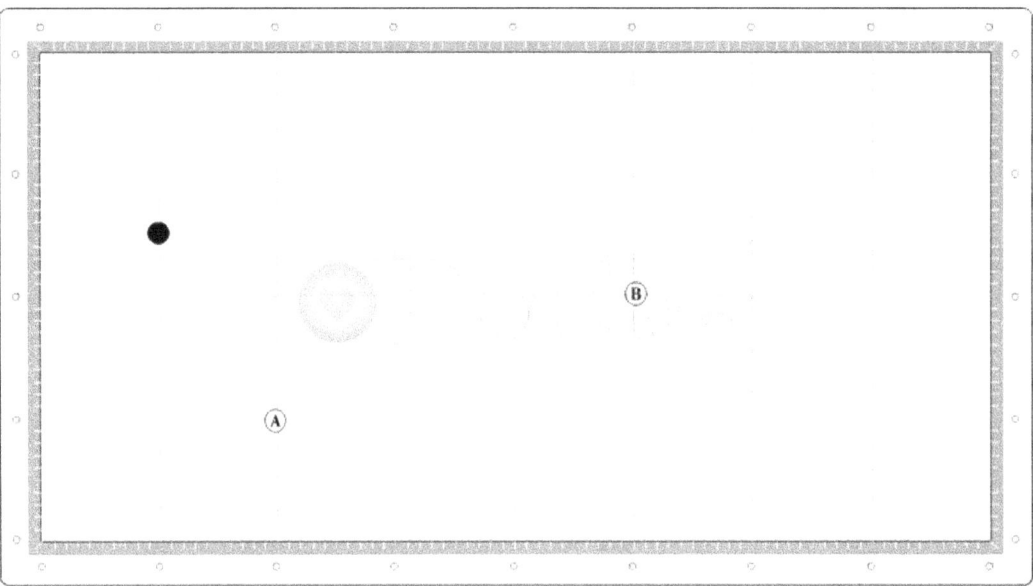

ANMÄRKNINGAR:

Carambole biljard: Fler gåtor och pussel

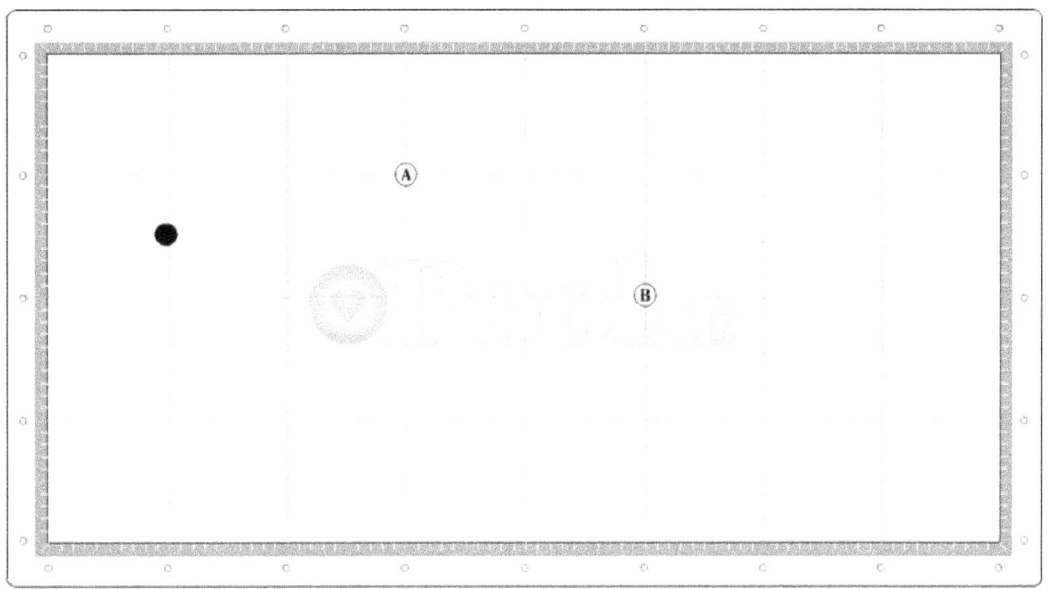

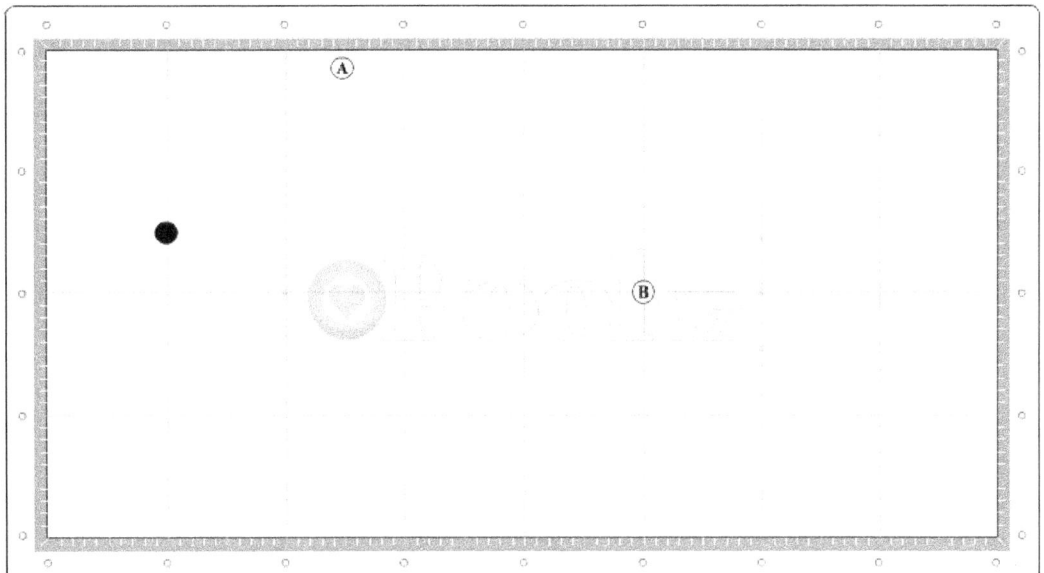

ANMÄRKNINGAR:

Grupp 2, set 6

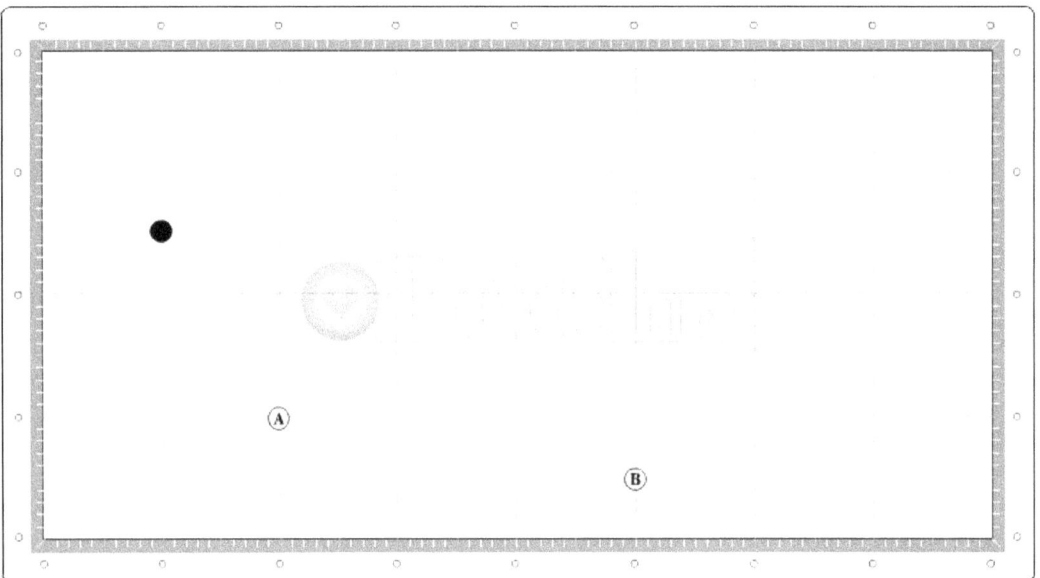

ANMÄRKNINGAR:

Carambole biljard: Fler gåtor och pussel

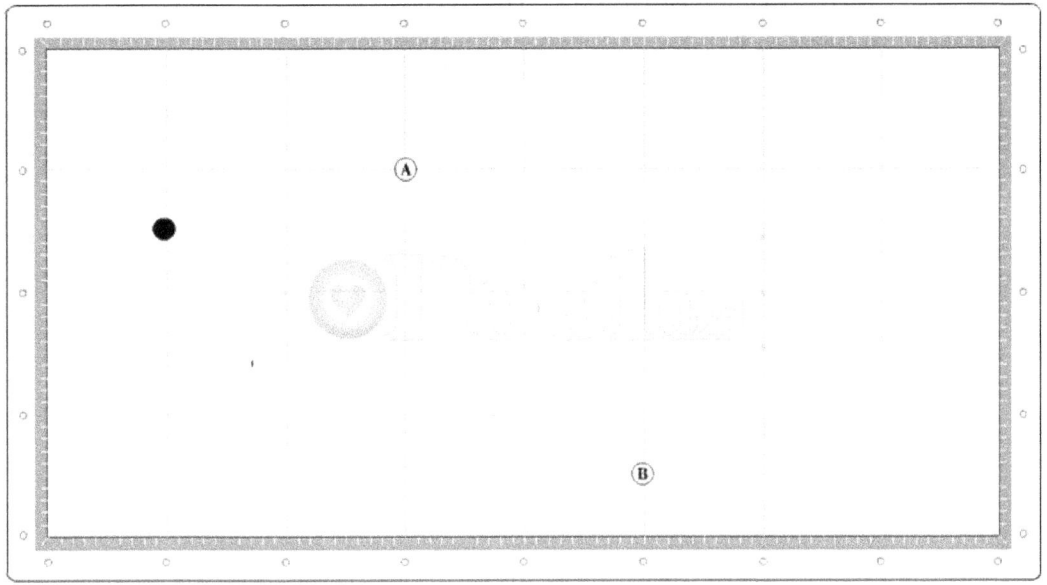

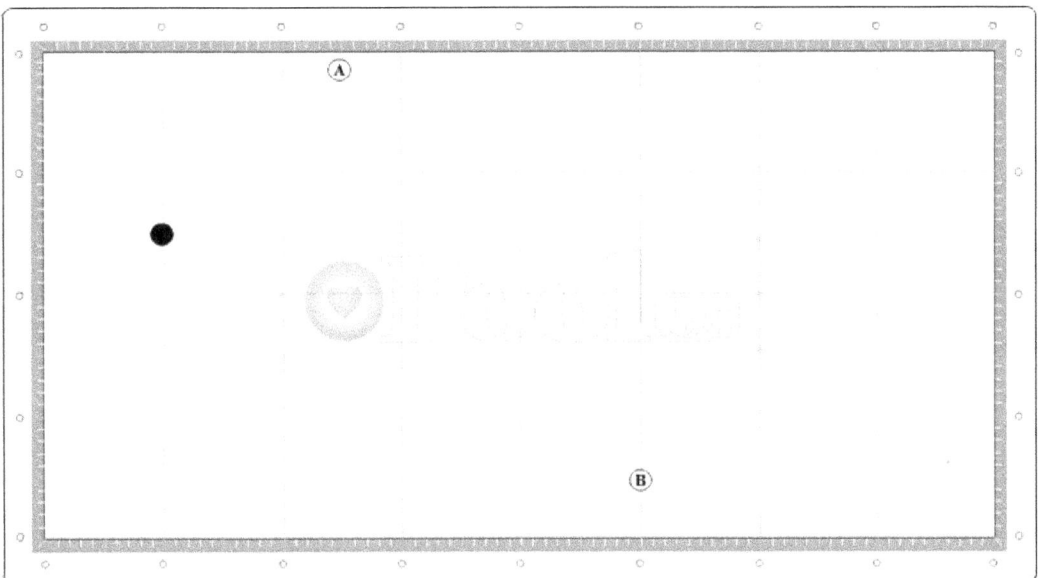

ANMÄRKNINGAR:

Grupp 2, set 7

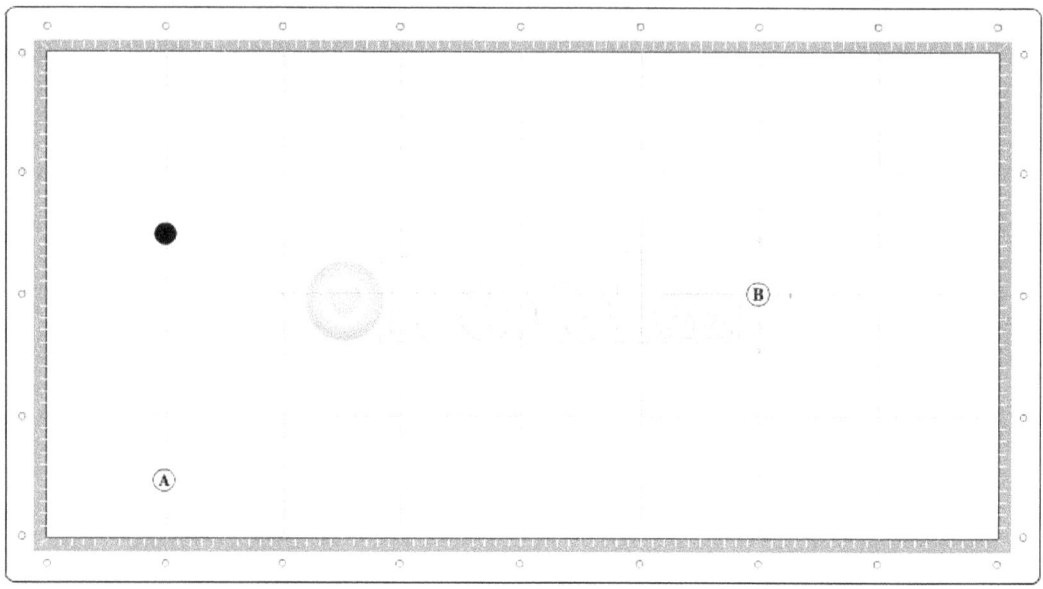

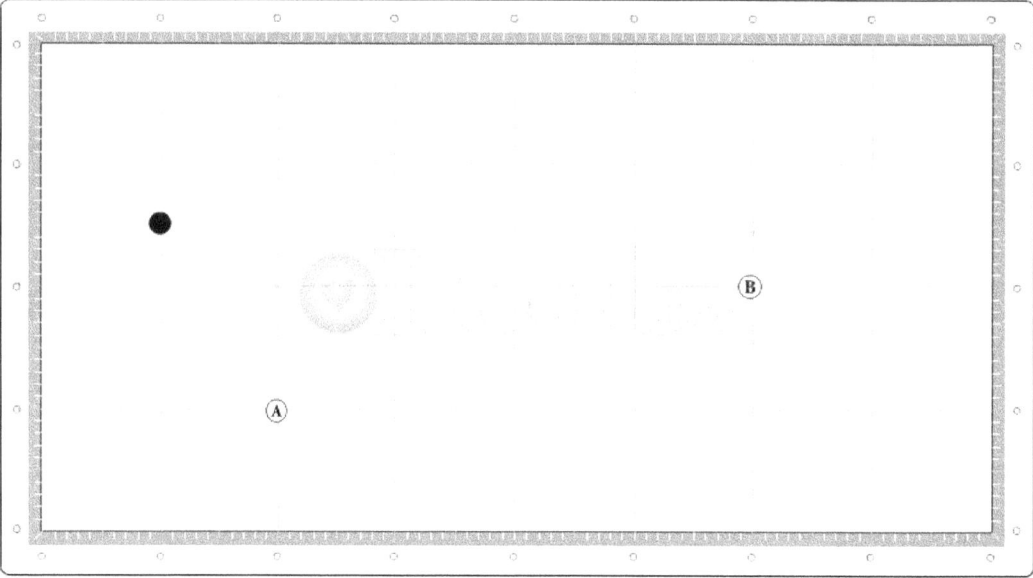

ANMÄRKNINGAR:

Carambole biljard: Fler gåtor och pussel

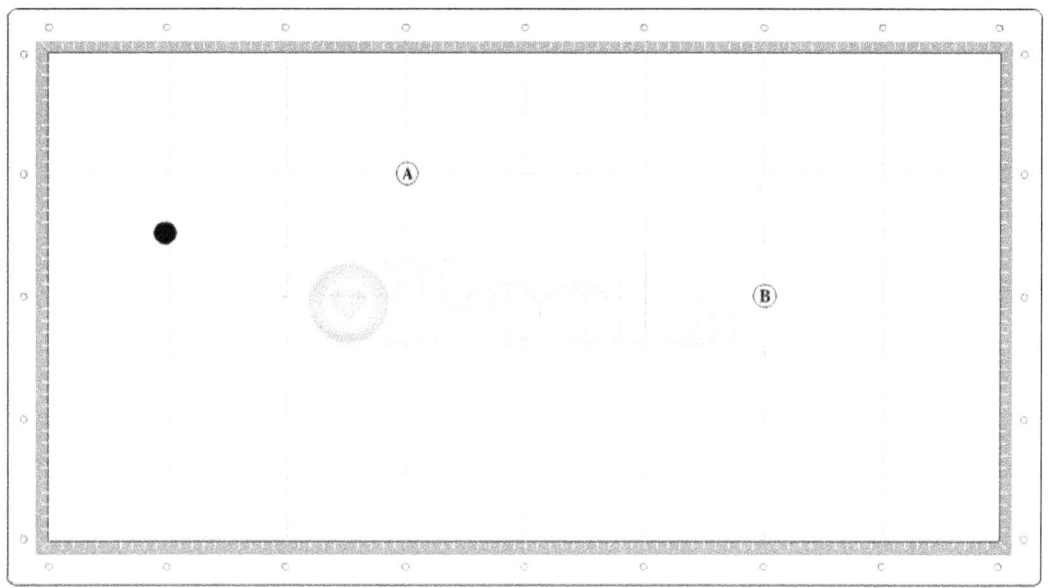

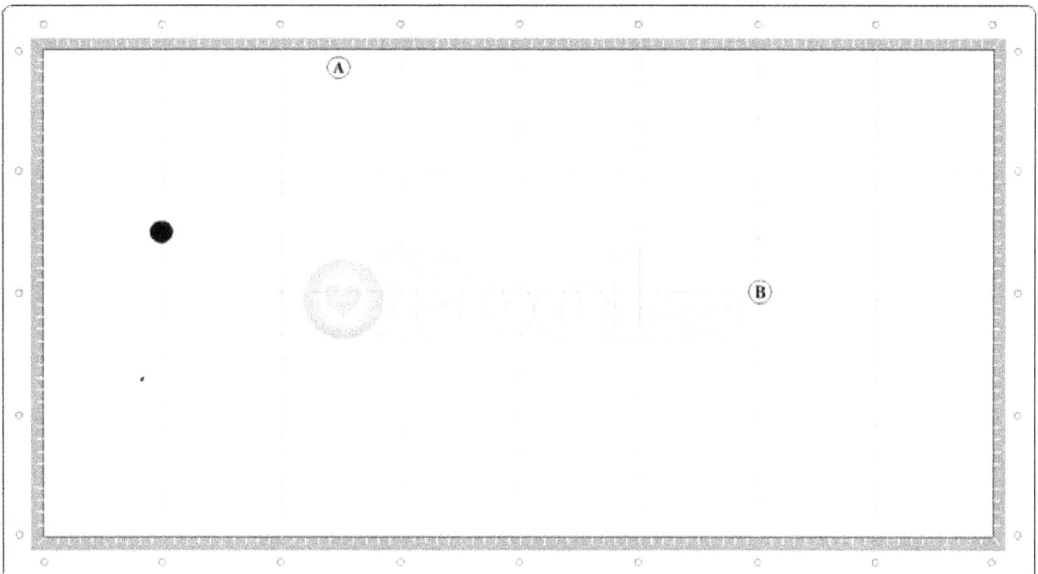

ANMÄRKNINGAR:

Grupp 2, set 8

ANMÄRKNINGAR:

Carambole biljard: Fler gåtor och pussel

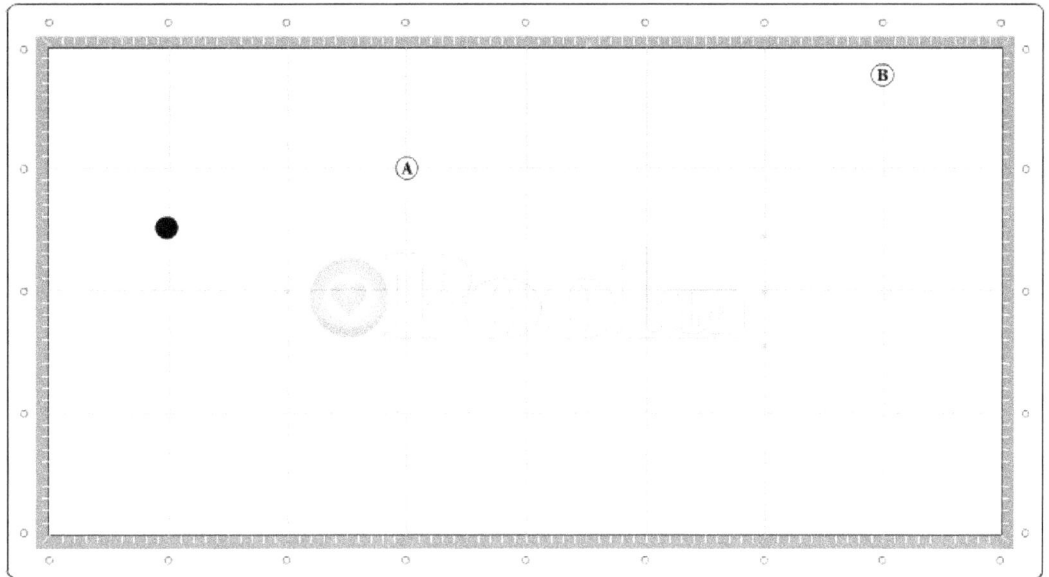

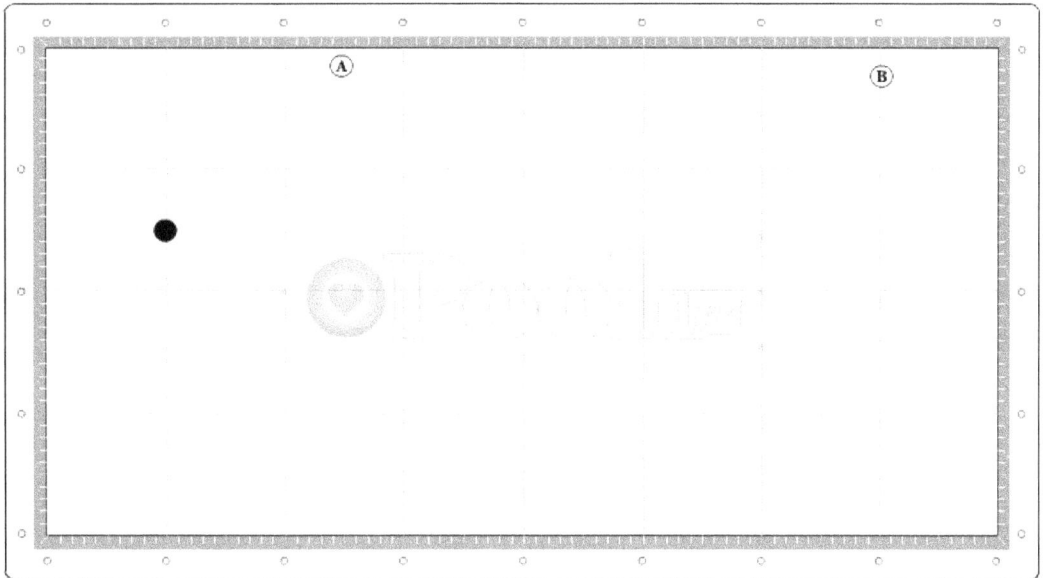

ANMÄRKNINGAR:

Grupp 2, set 9

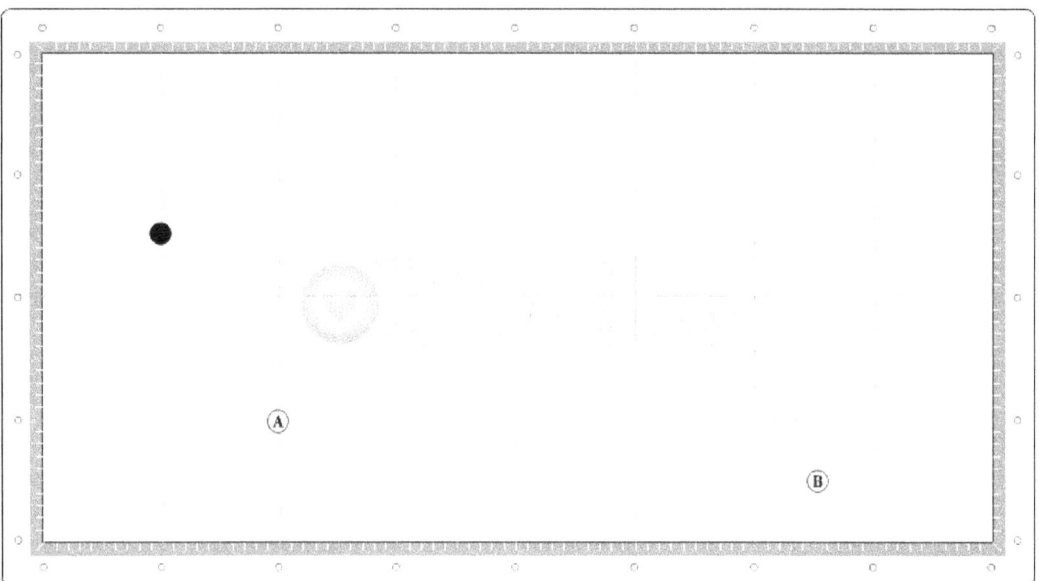

ANMÄRKNINGAR:

Carambole biljard: Fler gåtor och pussel

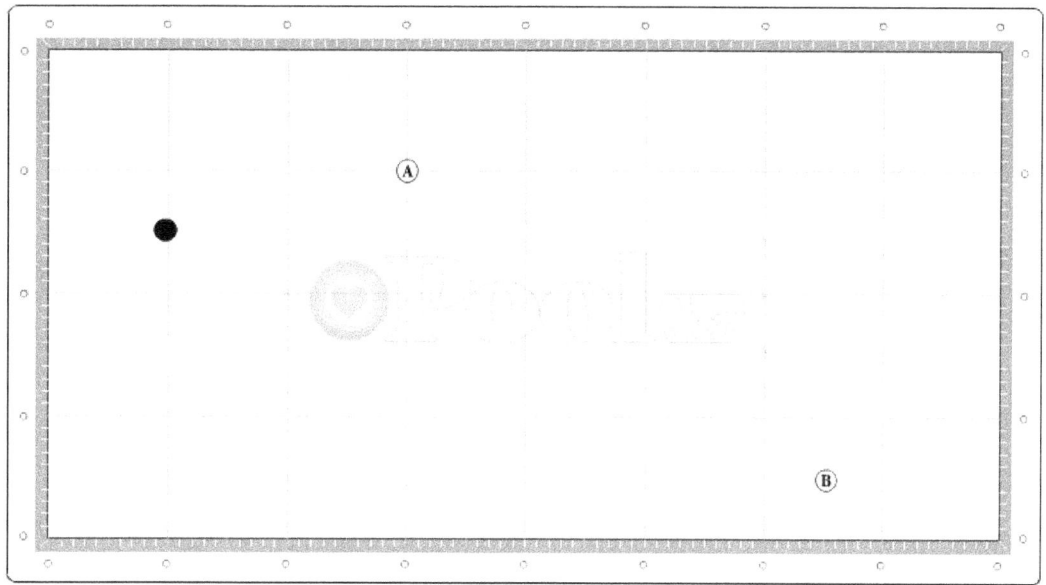

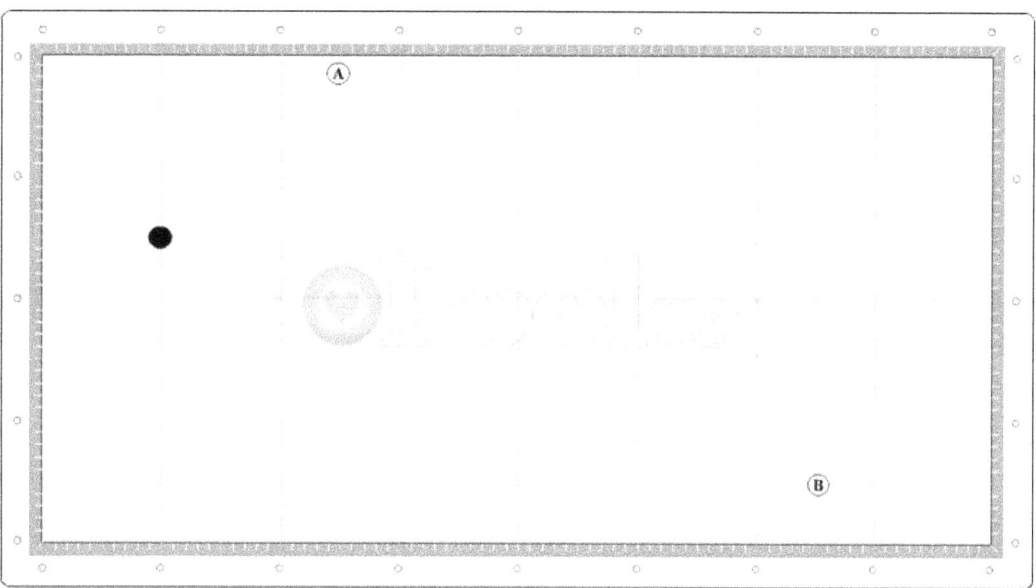

ANMÄRKNINGAR:

Grupp 2, set 10

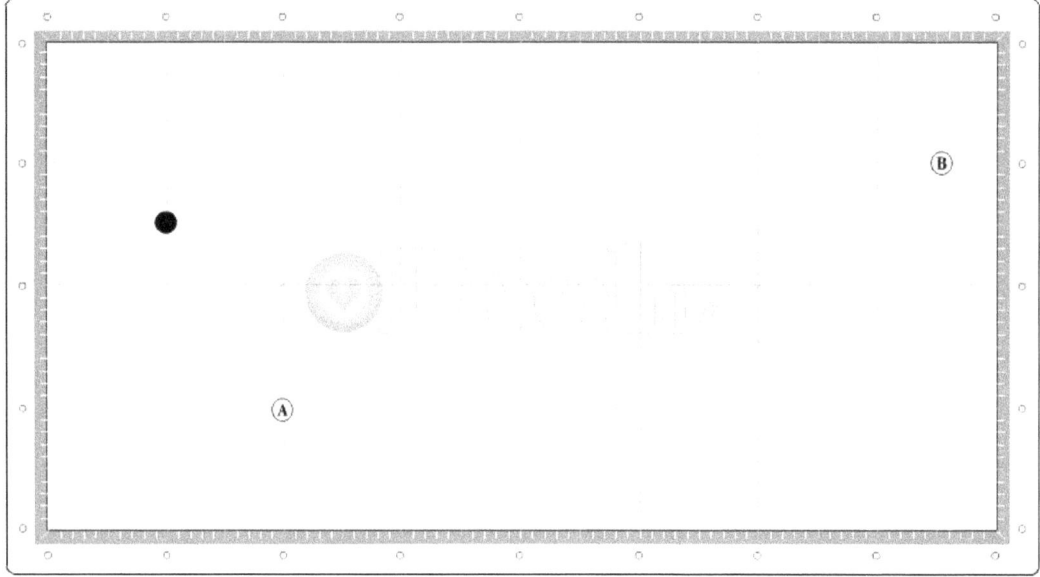

ANMÄRKNINGAR:

Carambole biljard: Fler gåtor och pussel

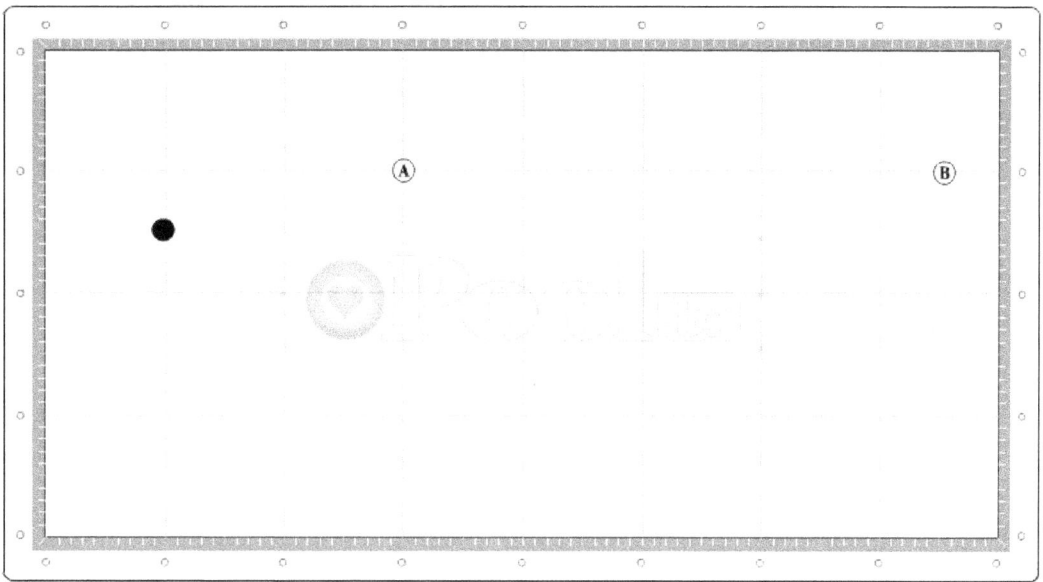

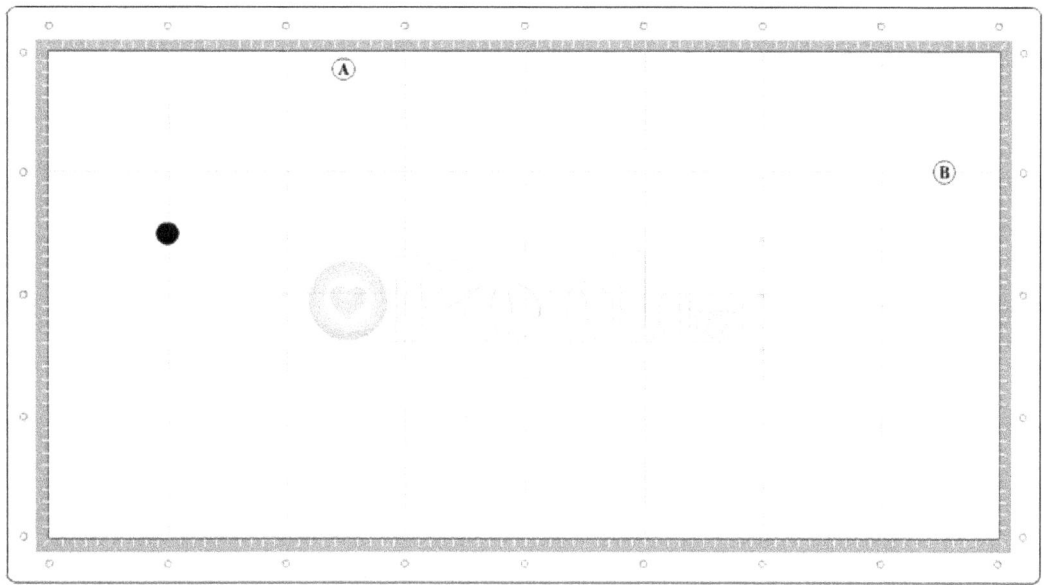

ANMÄRKNINGAR:

Grupp 2, set 11

ANMÄRKNINGAR:

Carambole biljard: Fler gåtor och pussel

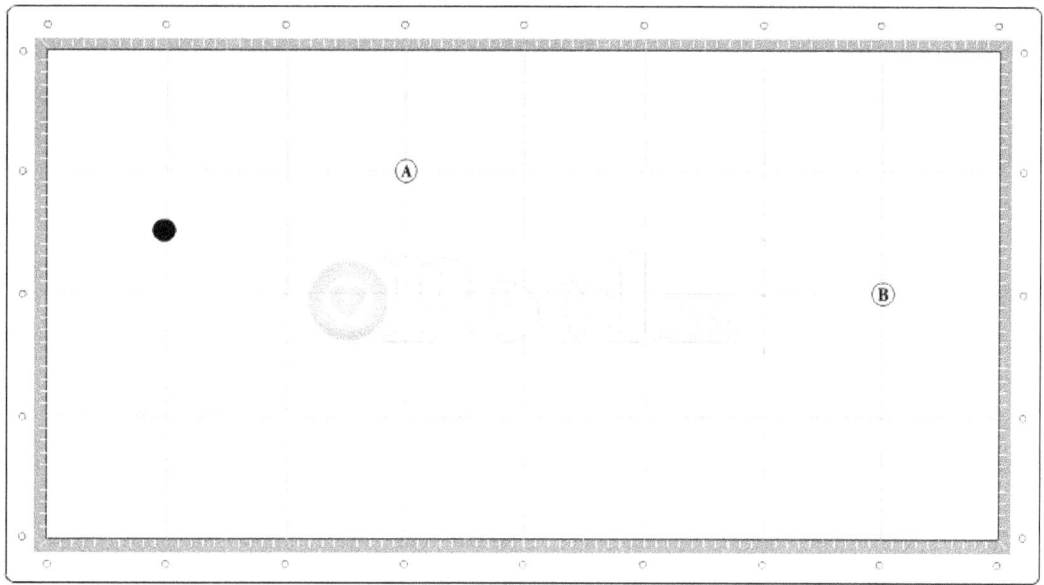

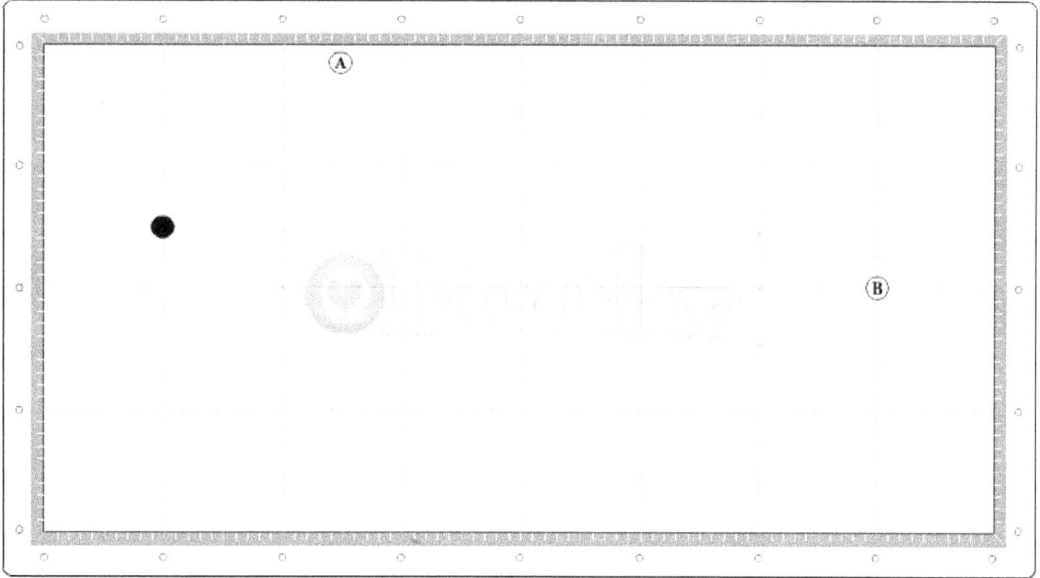

ANMÄRKNINGAR:

Grupp 2, set 12

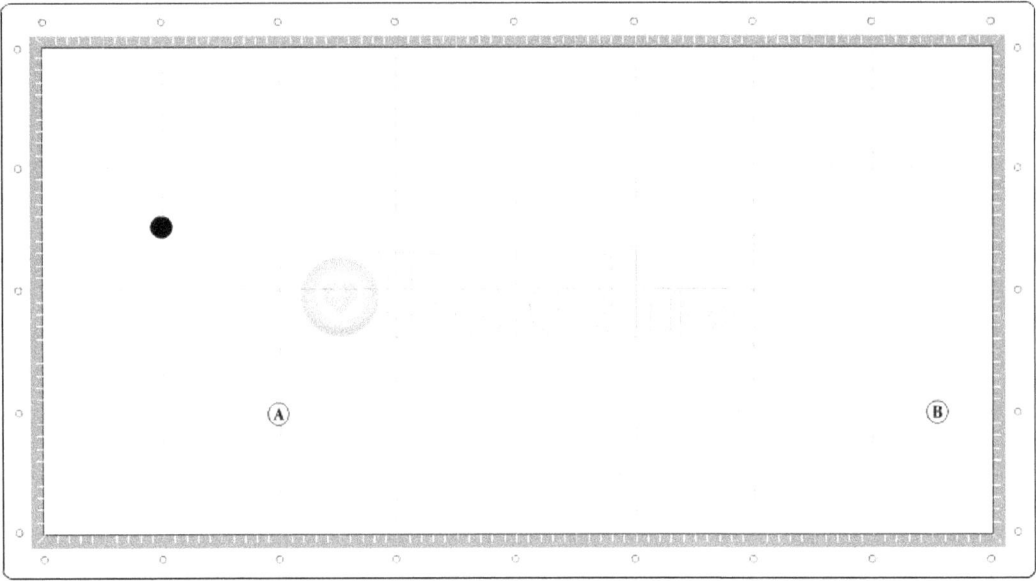

ANMÄRKNINGAR:

Carambole biljard: Fler gåtor och pussel

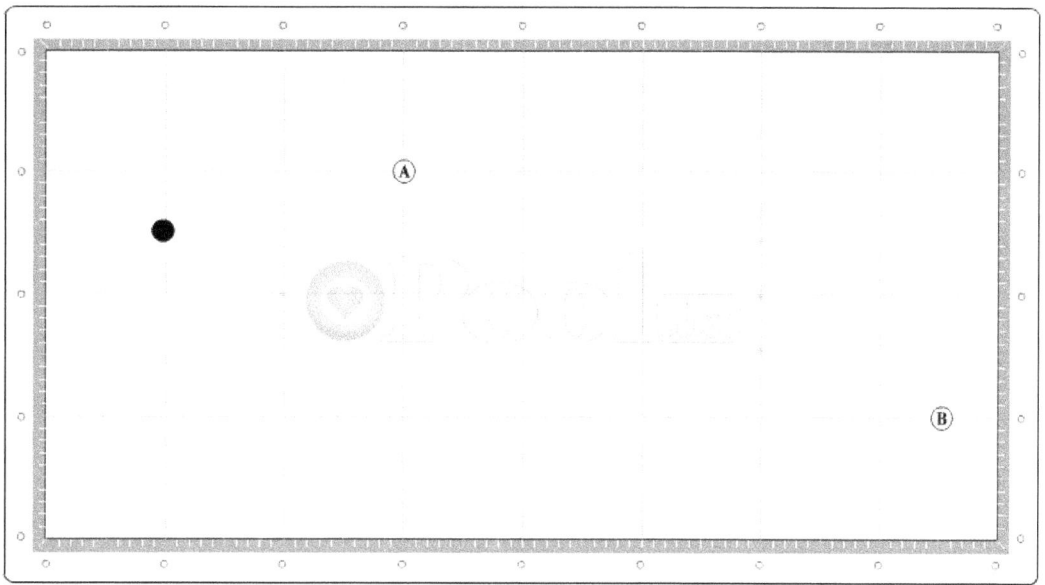

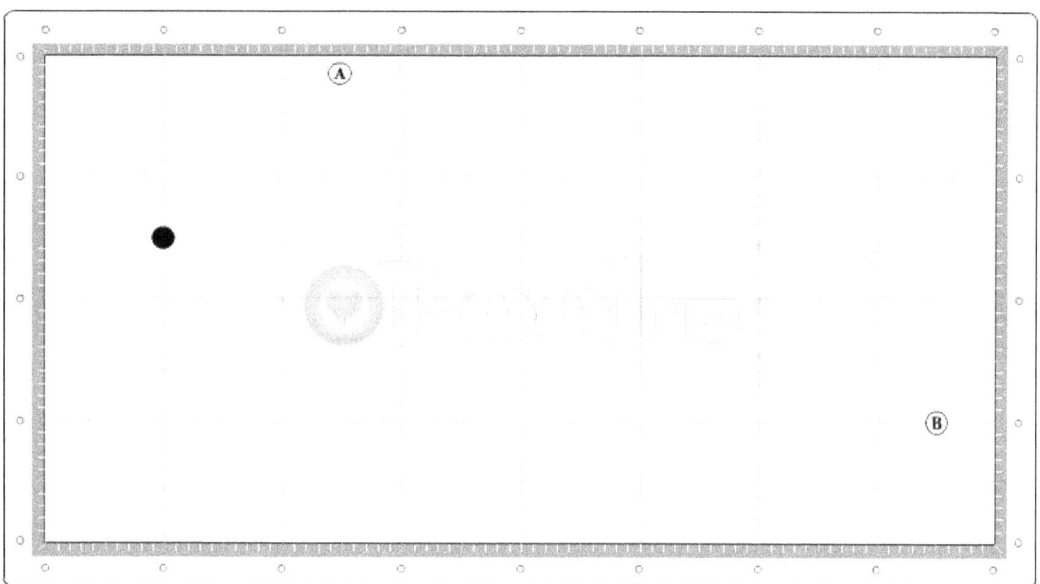

ANMÄRKNINGAR:

GRUPP 3

Grupp 3, set 1

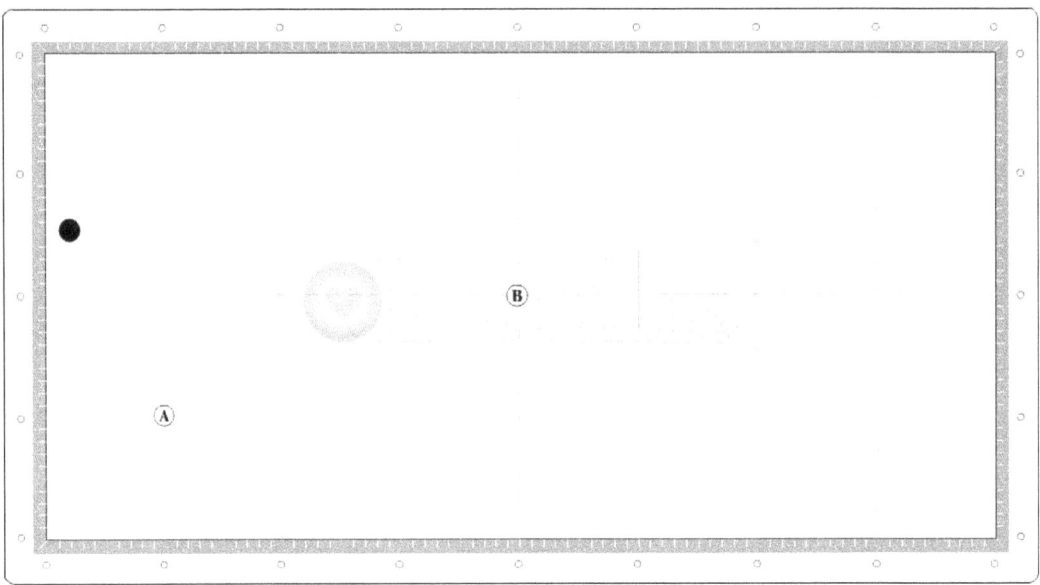

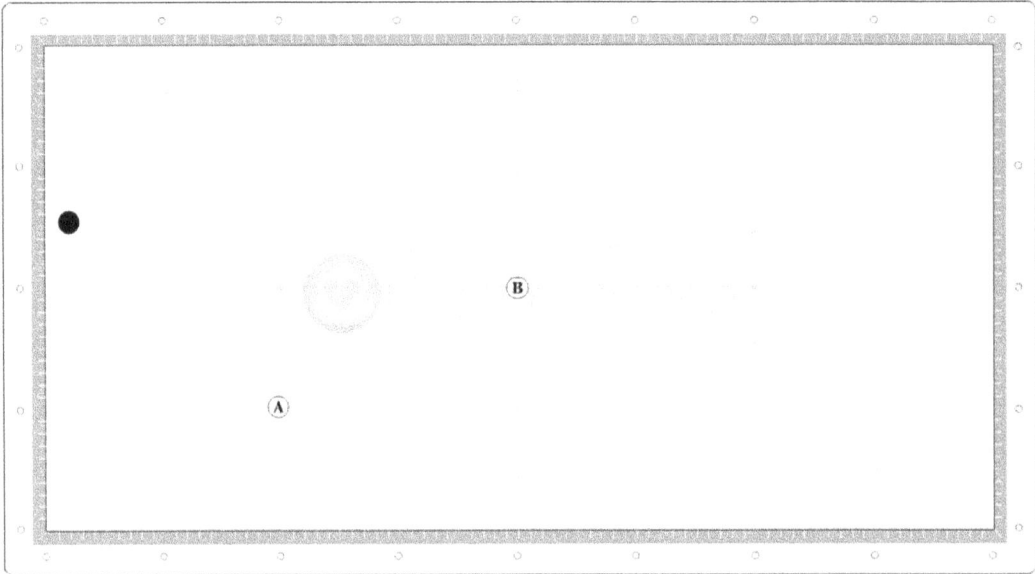

ANMÄRKNINGAR:

Carambole biljard: Fler gåtor och pussel

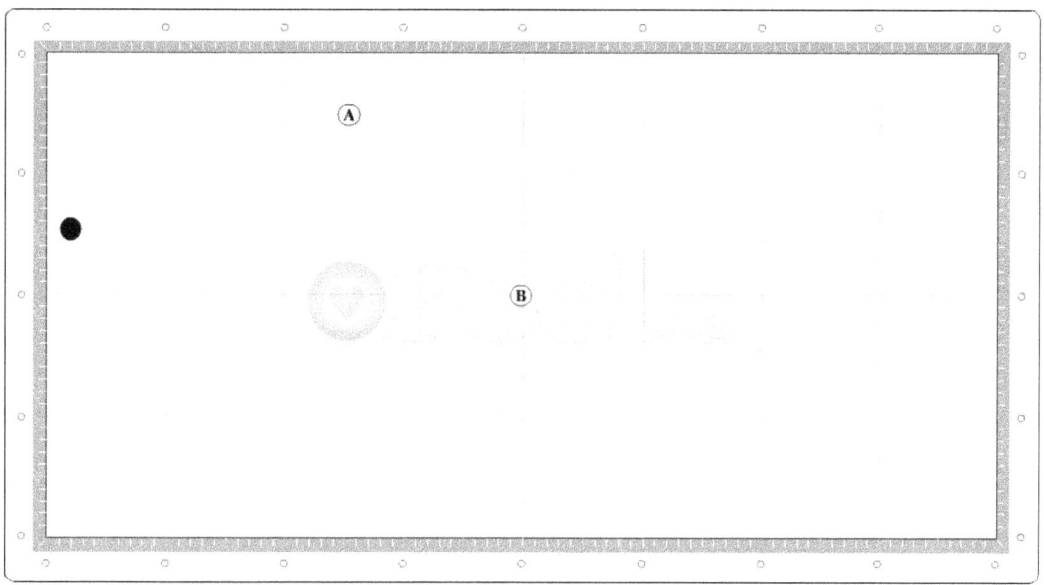

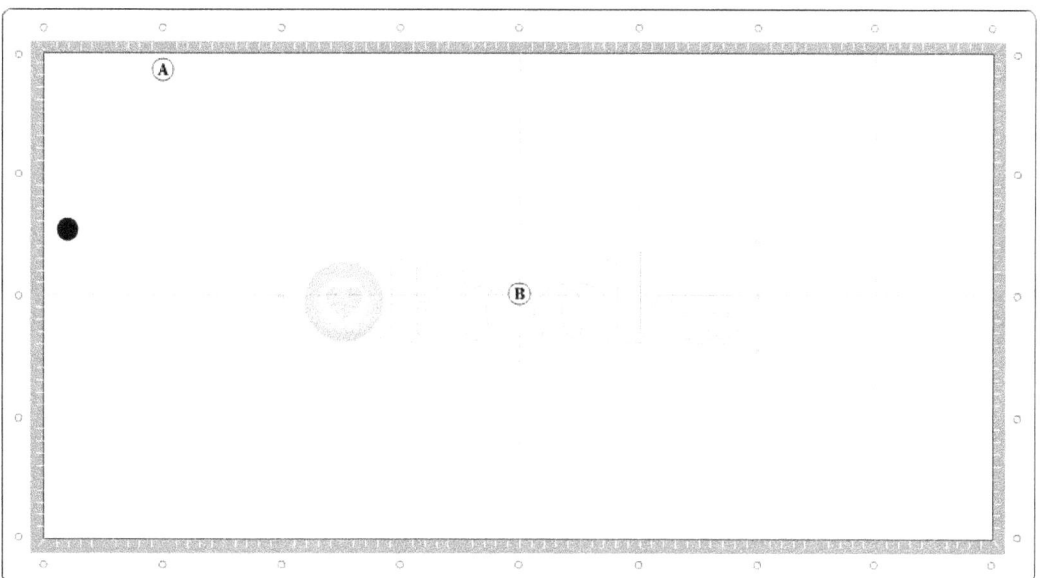

ANMÄRKNINGAR:

Grupp 3, set 2

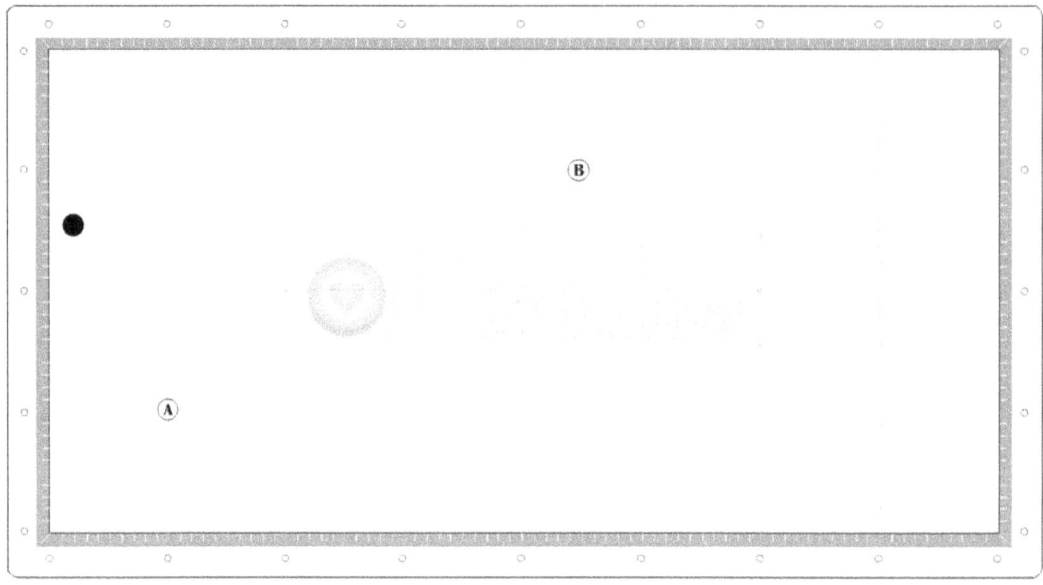

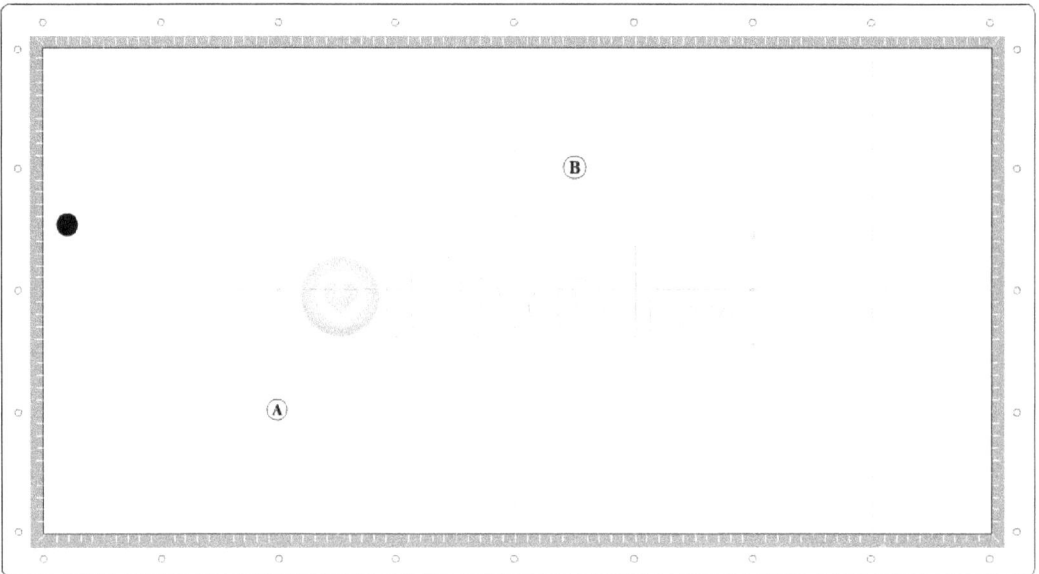

ANMÄRKNINGAR:

Carambole biljard: Fler gåtor och pussel

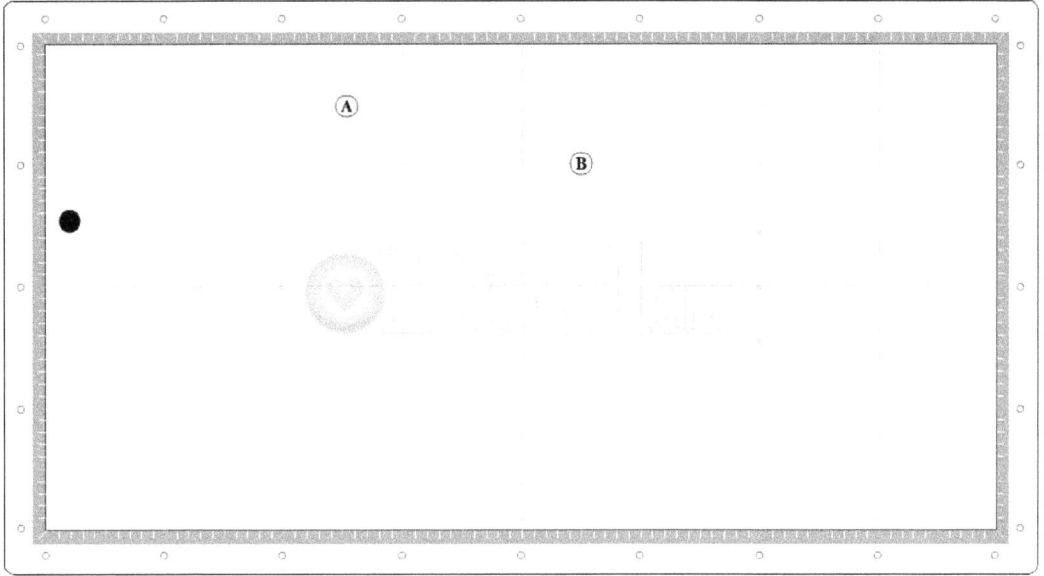

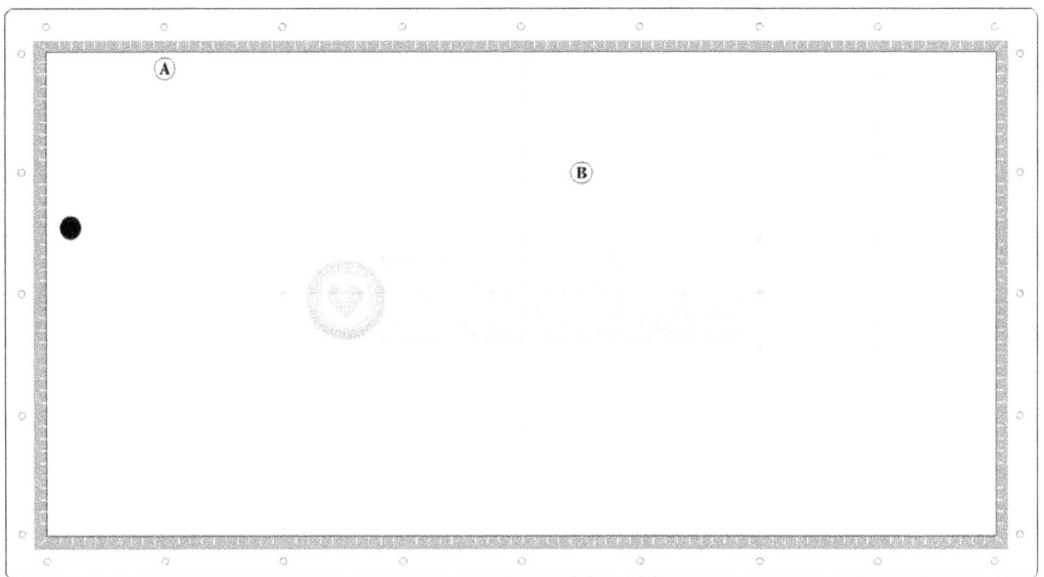

ANMÄRKNINGAR:

Grupp 3, set 3

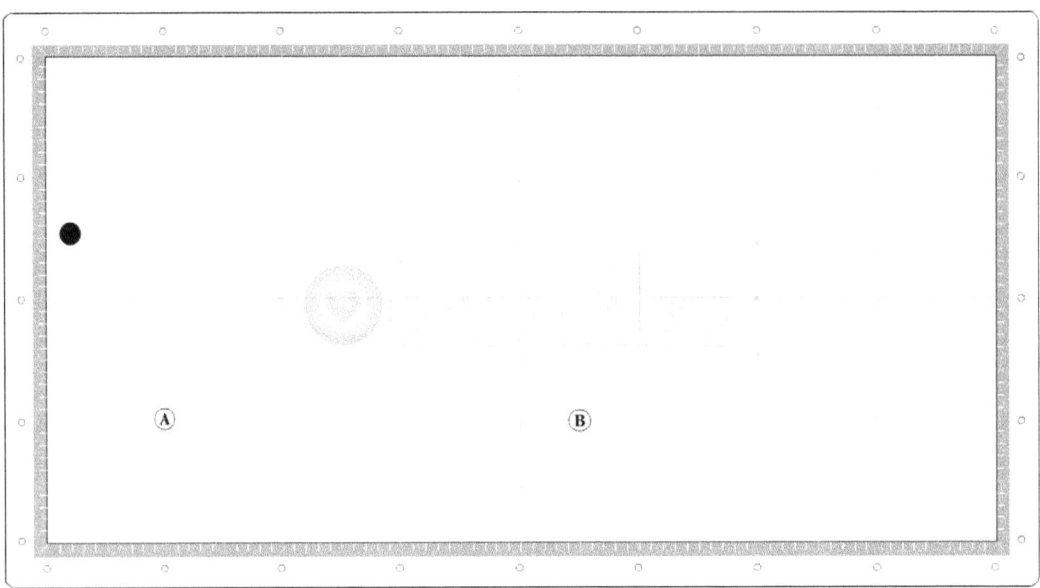

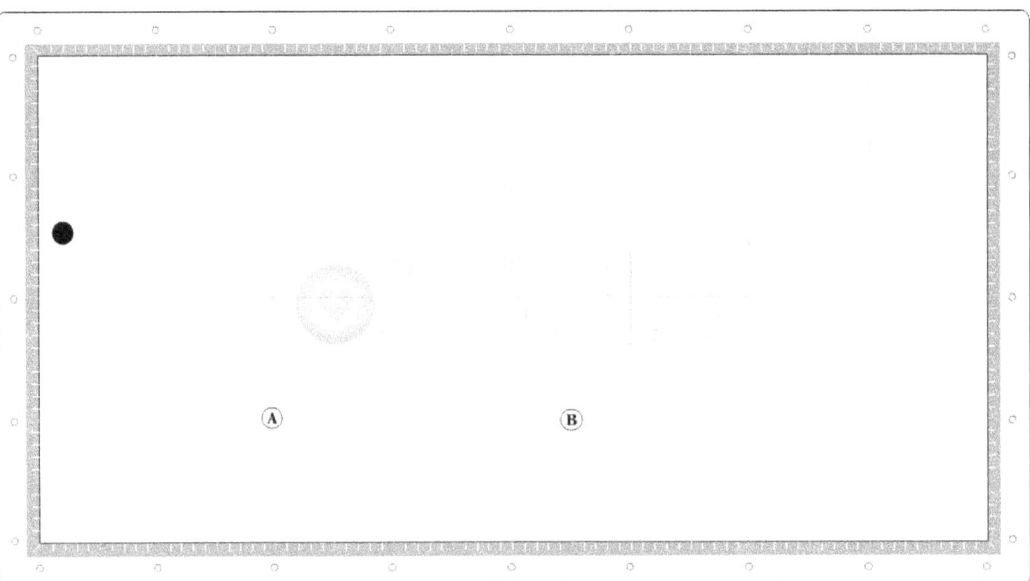

ANMÄRKNINGAR:

Carambole biljard: Fler gåtor och pussel

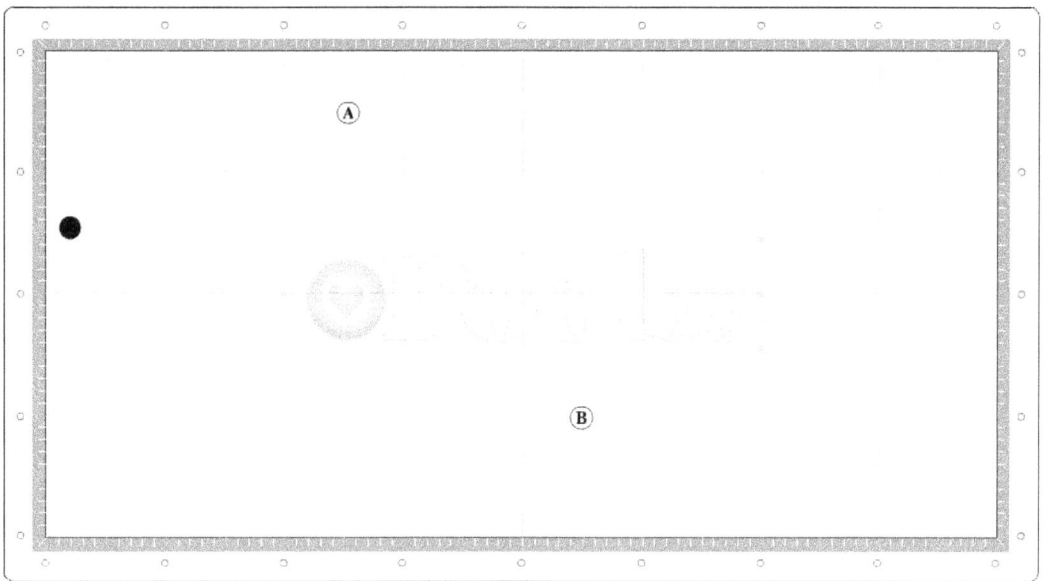

ANMÄRKNINGAR:

Grupp 3, set 4

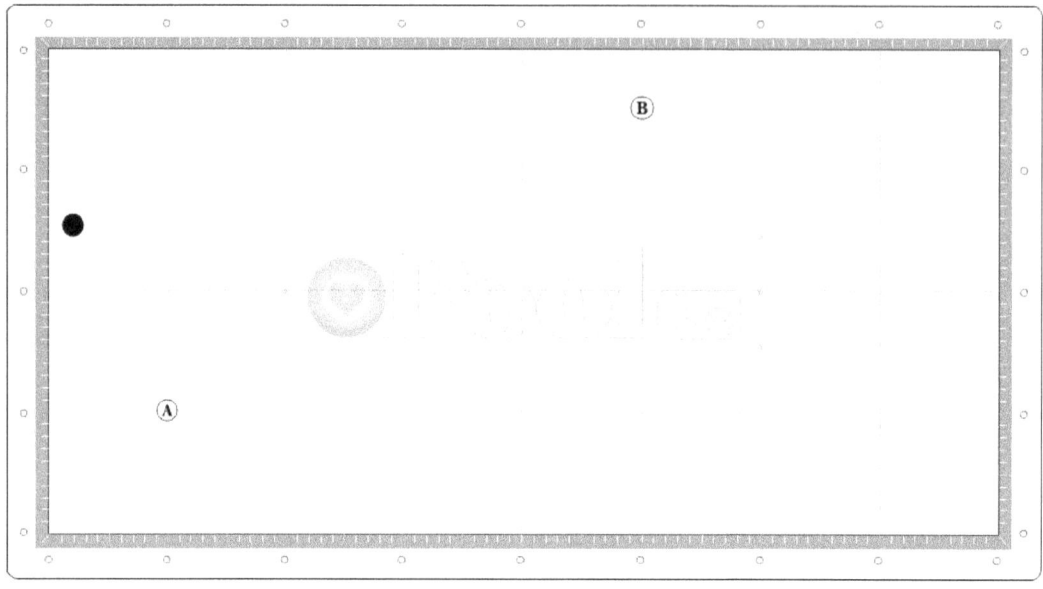

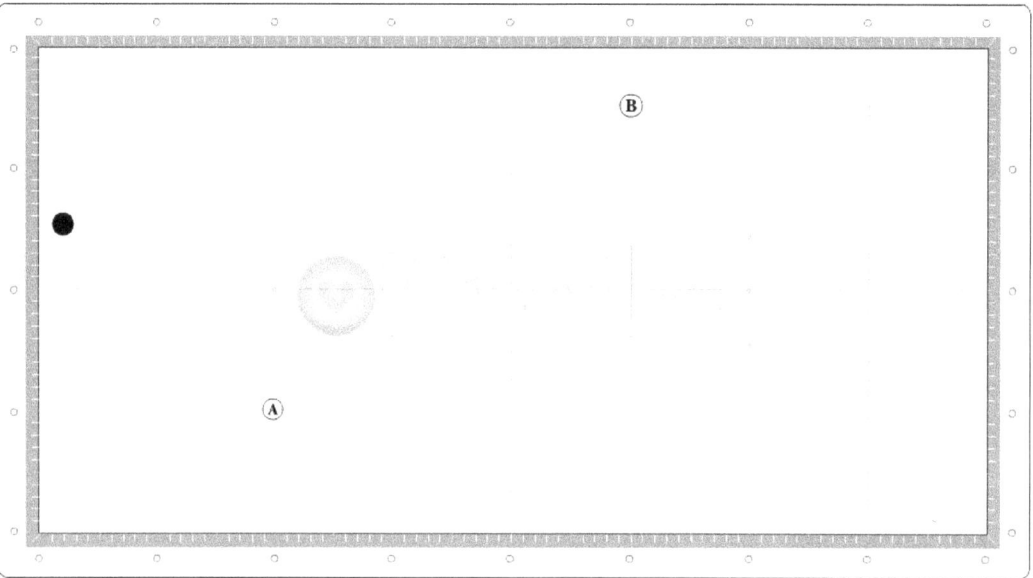

ANMÄRKNINGAR:

Carambole biljard: Fler gåtor och pussel

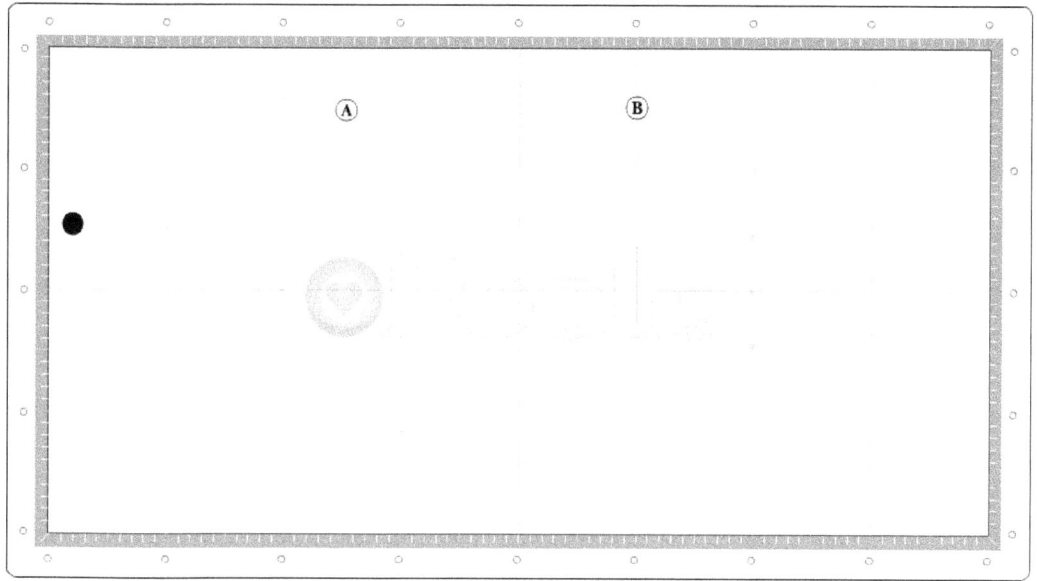

ANMÄRKNINGAR:

Grupp 3, set 5

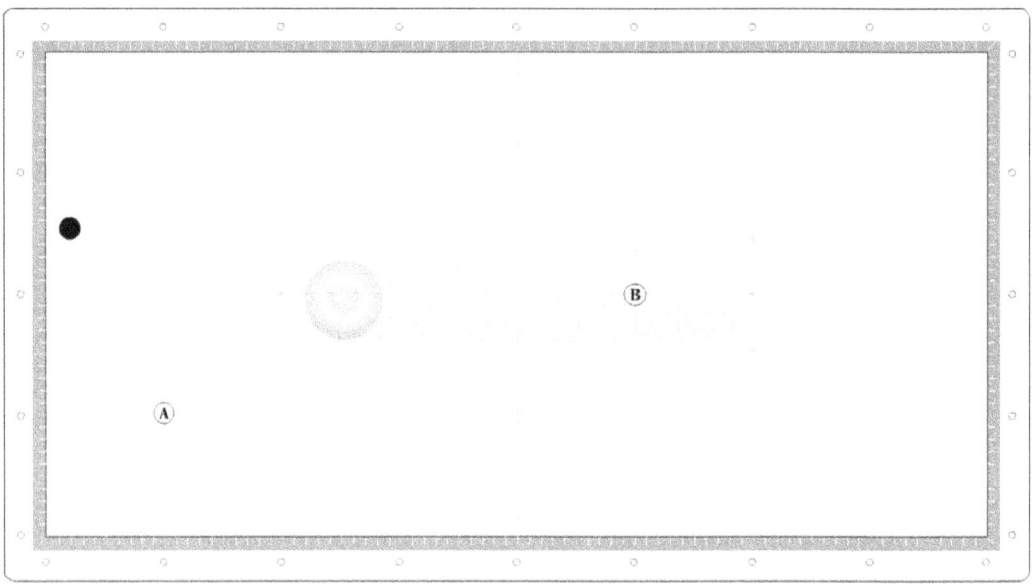

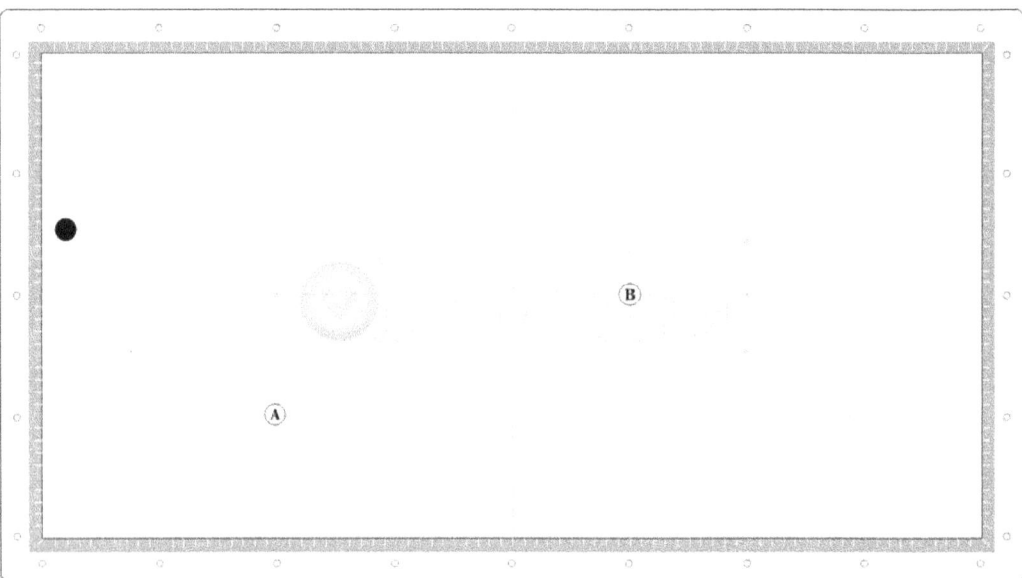

ANMÄRKNINGAR:

Carambole biljard: Fler gåtor och pussel

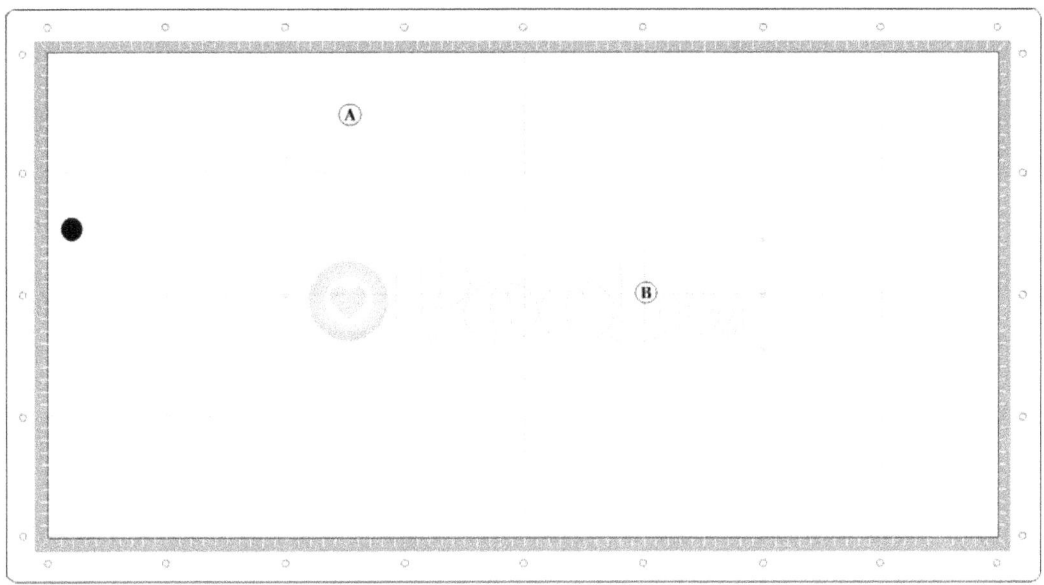

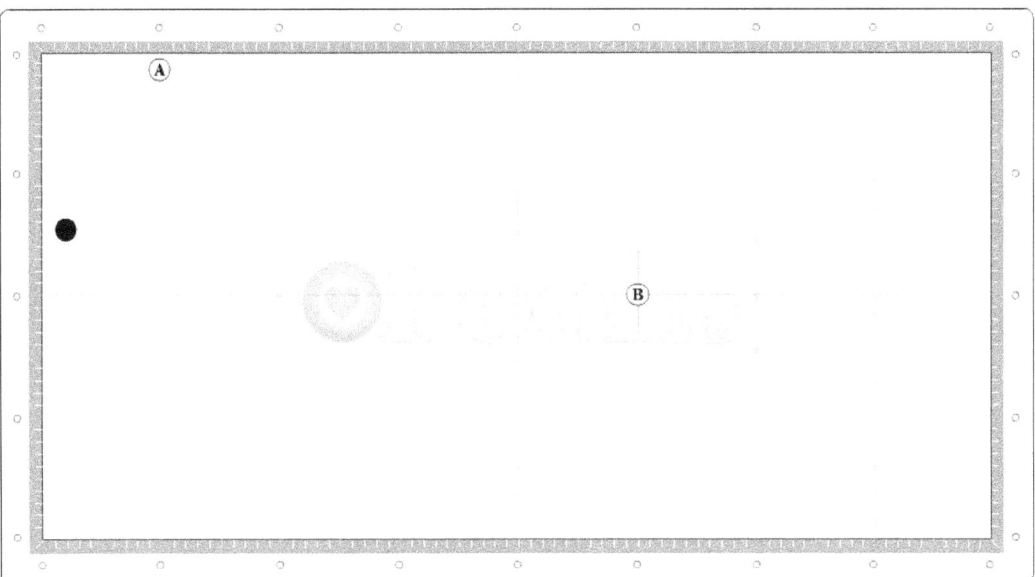

ANMÄRKNINGAR:

Grupp 3, set 6

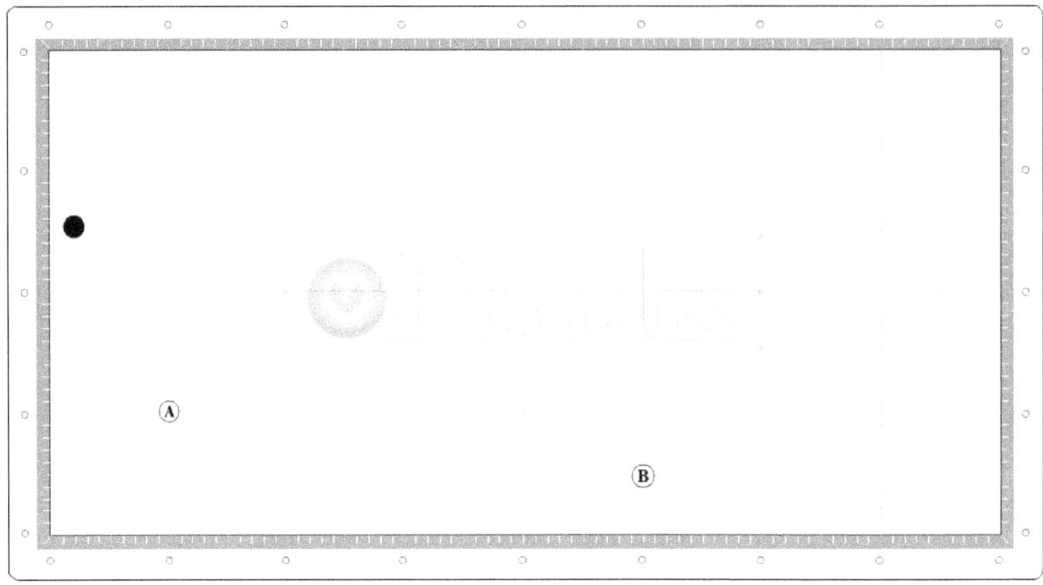

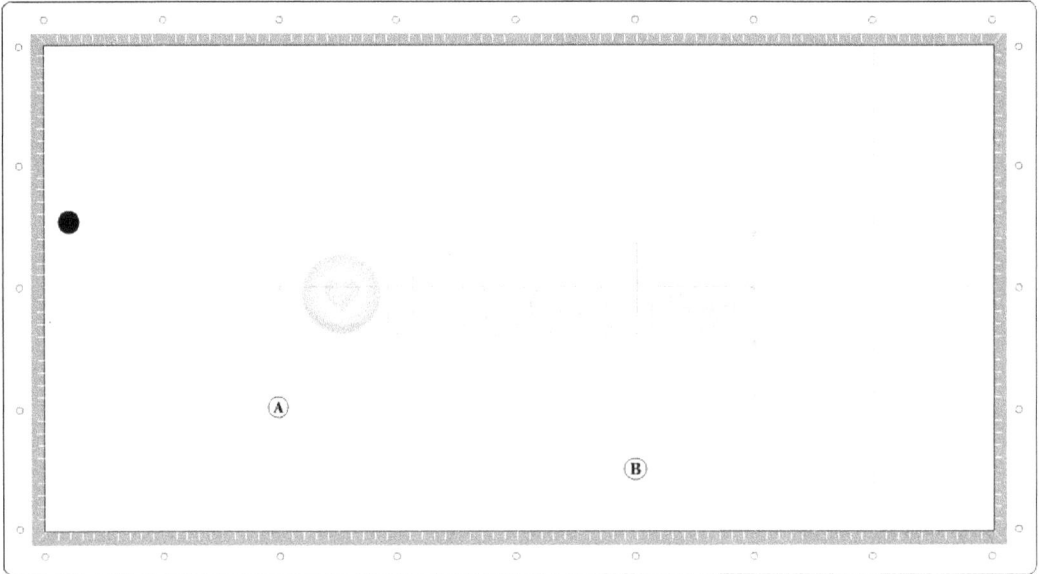

ANMÄRKNINGAR:

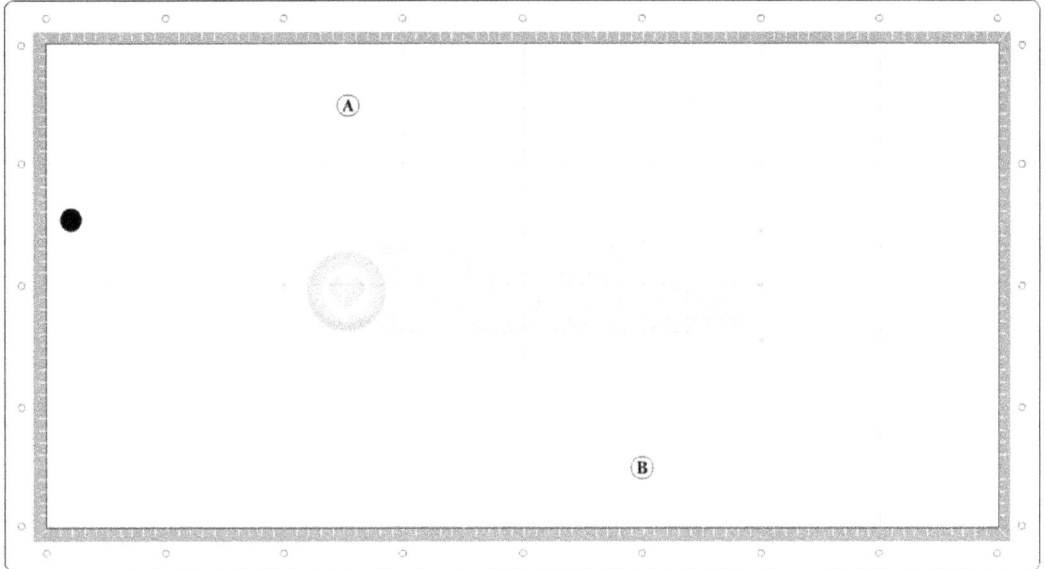

ANMÄRKNINGAR:

Grupp 3, set 7

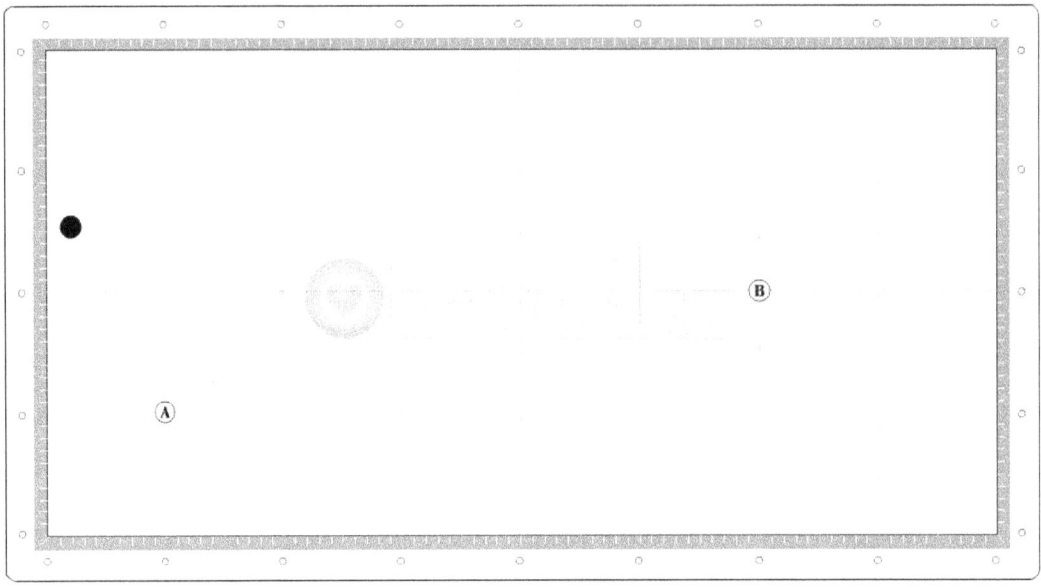

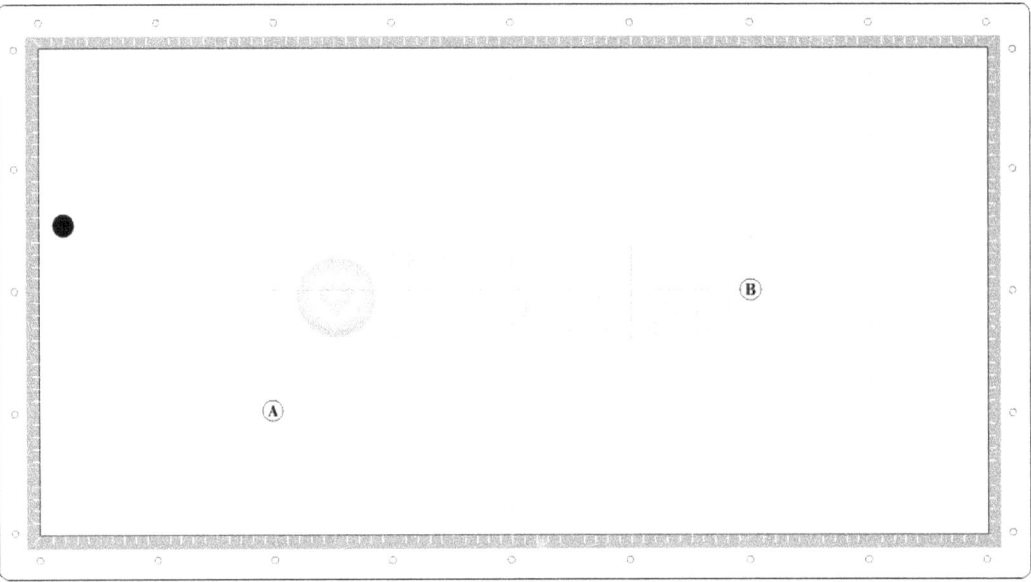

ANMÄRKNINGAR:

Carambole biljard: Fler gåtor och pussel

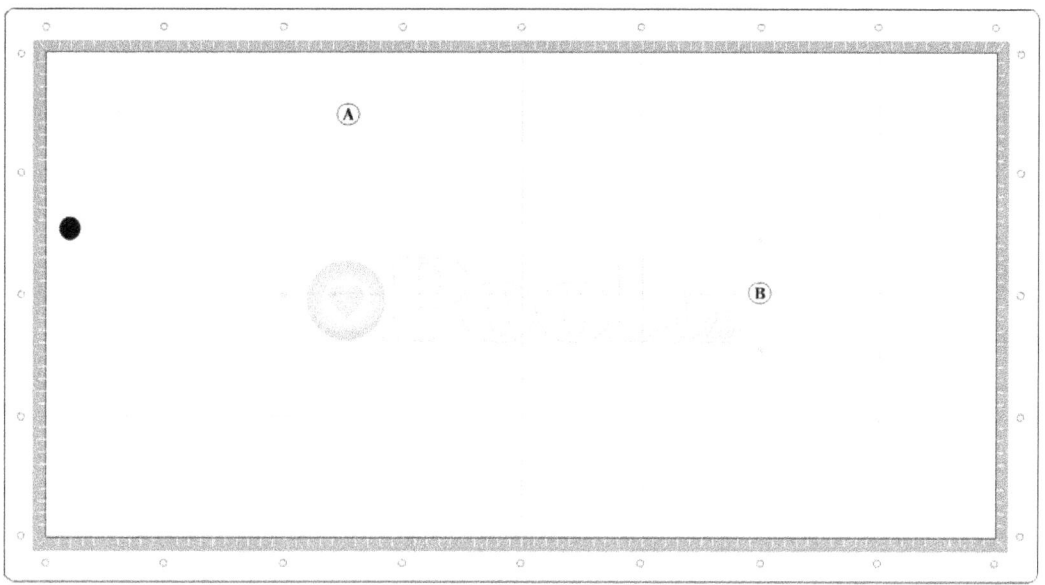

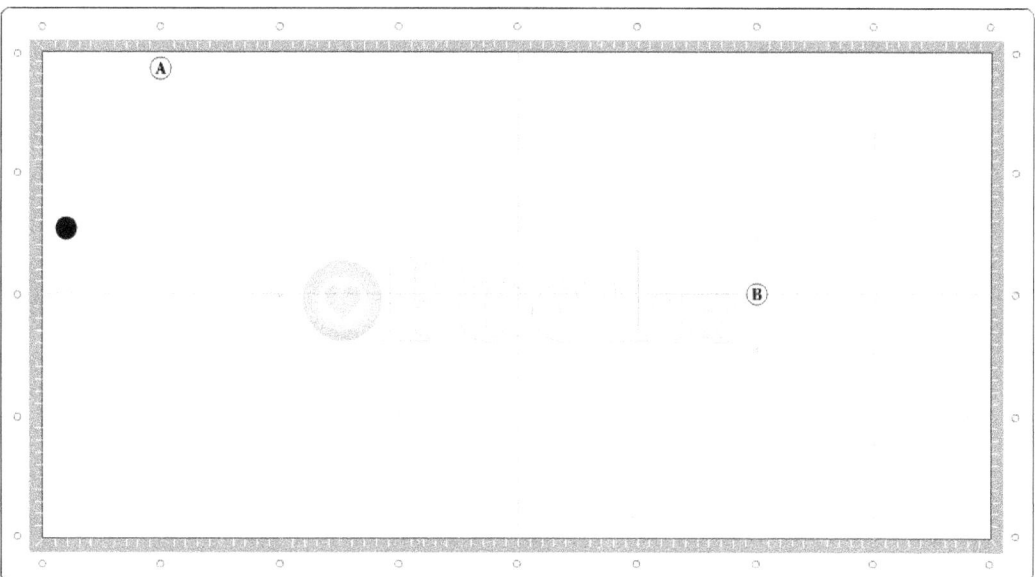

ANMÄRKNINGAR:

Grupp 3, set 8

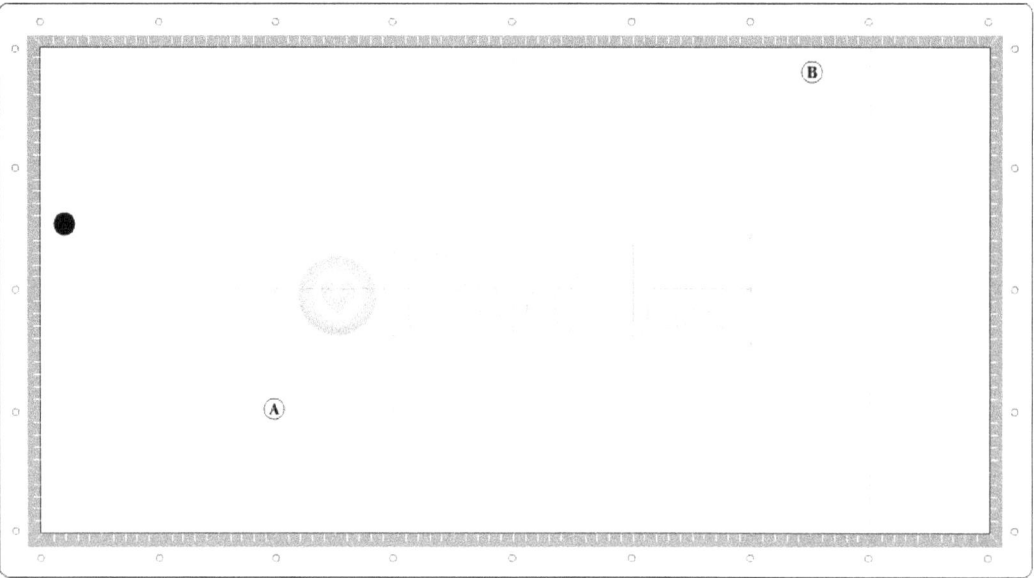

ANMÄRKNINGAR:

Carambole biljard: Fler gåtor och pussel

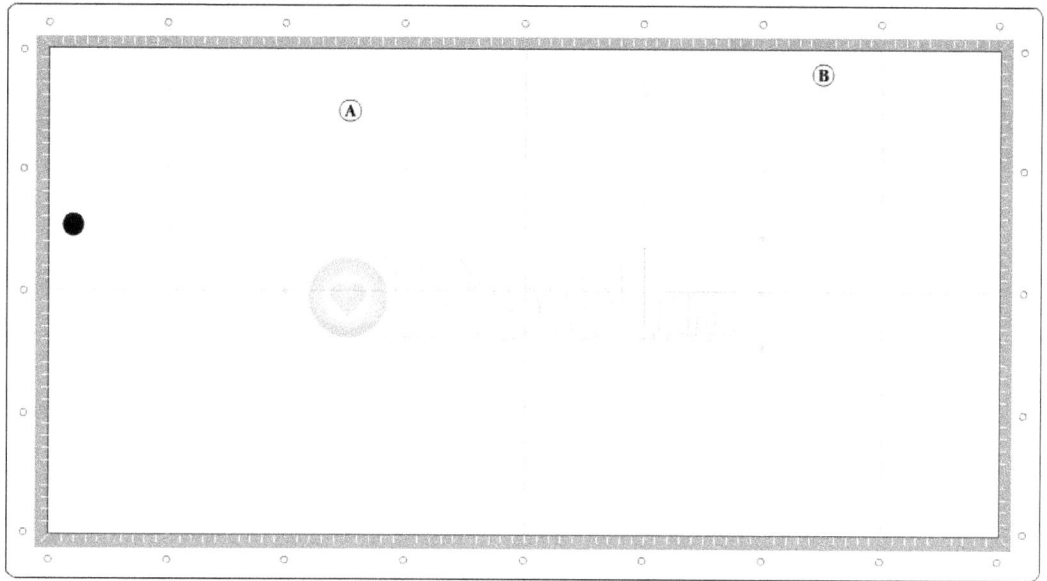

ANMÄRKNINGAR:

Grupp 3, set 9

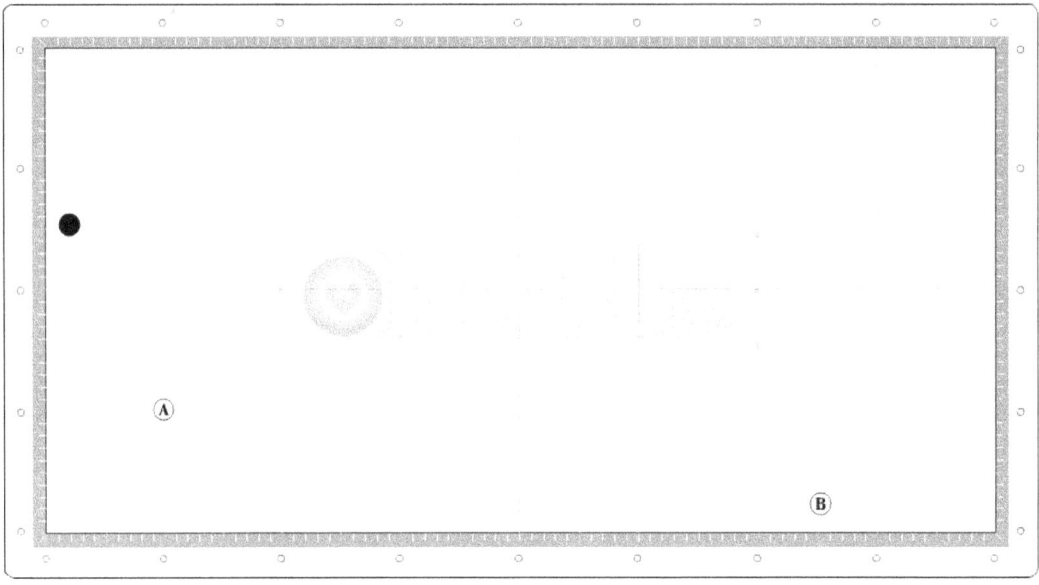

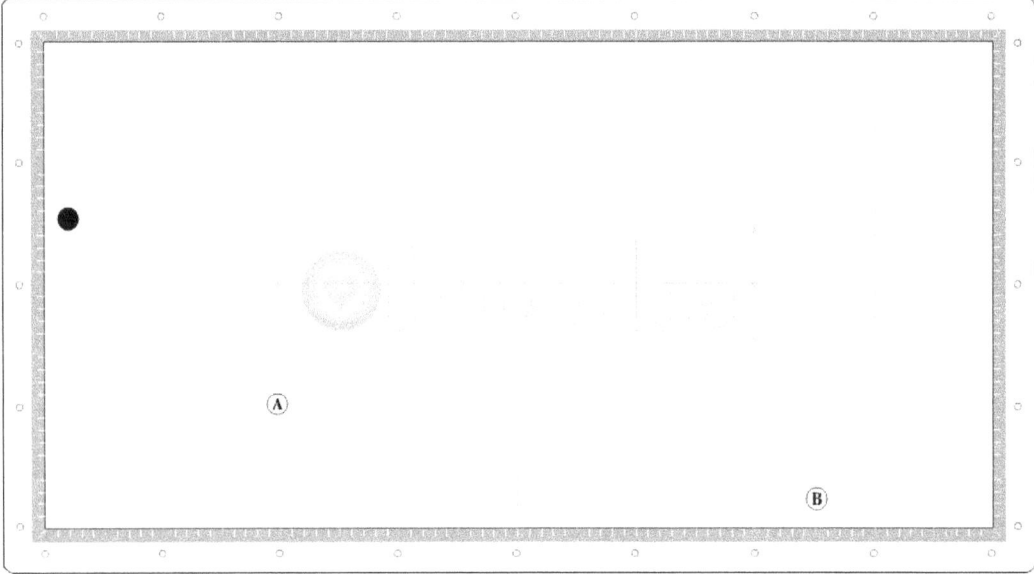

ANMÄRKNINGAR:

Carambole biljard: Fler gåtor och pussel

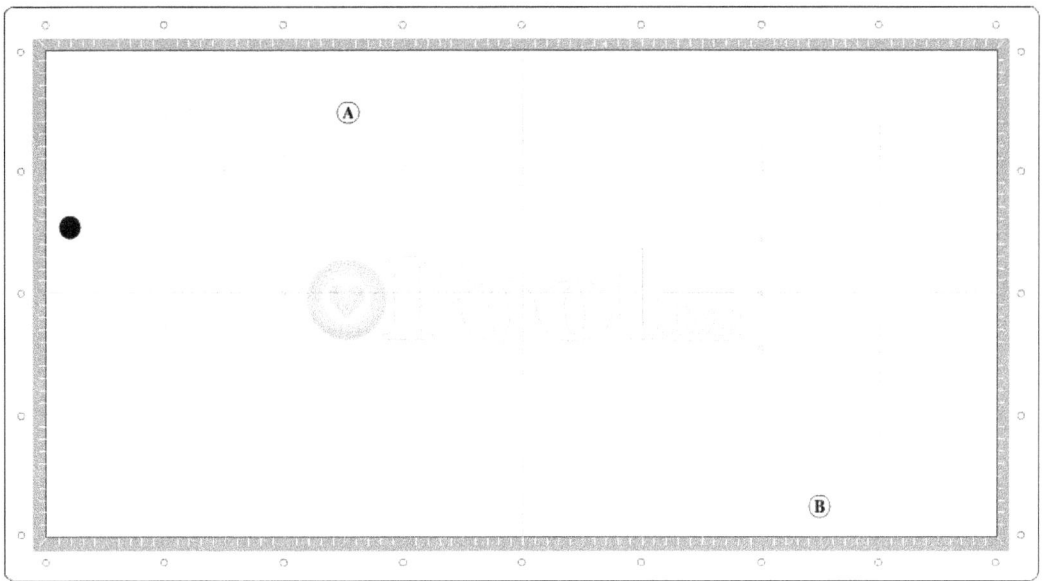

ANMÄRKNINGAR:

Grupp 3, set 10

ANMÄRKNINGAR:

Carambole biljard: Fler gåtor och pussel

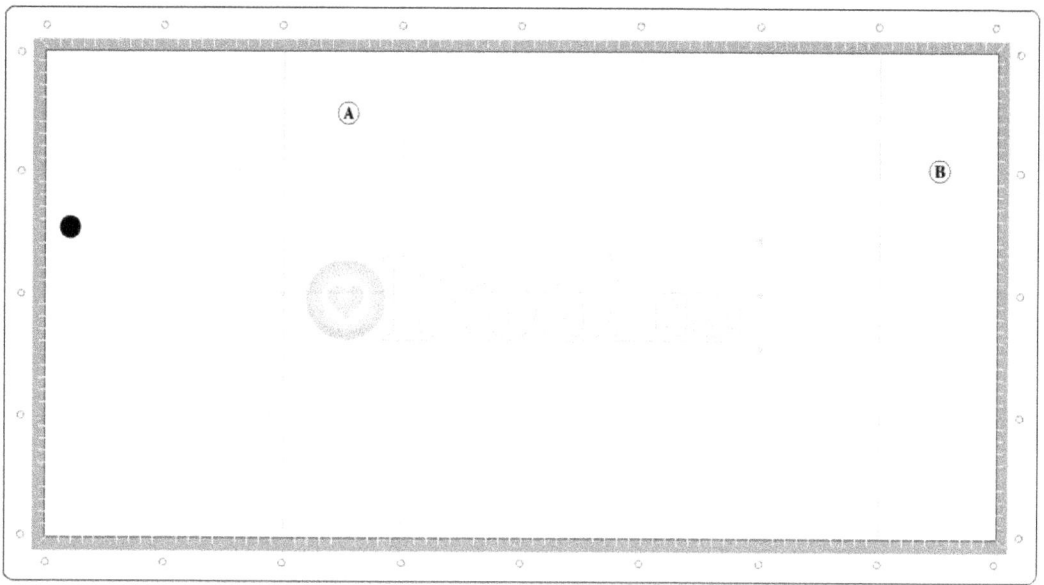

ANMÄRKNINGAR:

Grupp 3, set 11

ANMÄRKNINGAR:

Carambole biljard: Fler gåtor och pussel

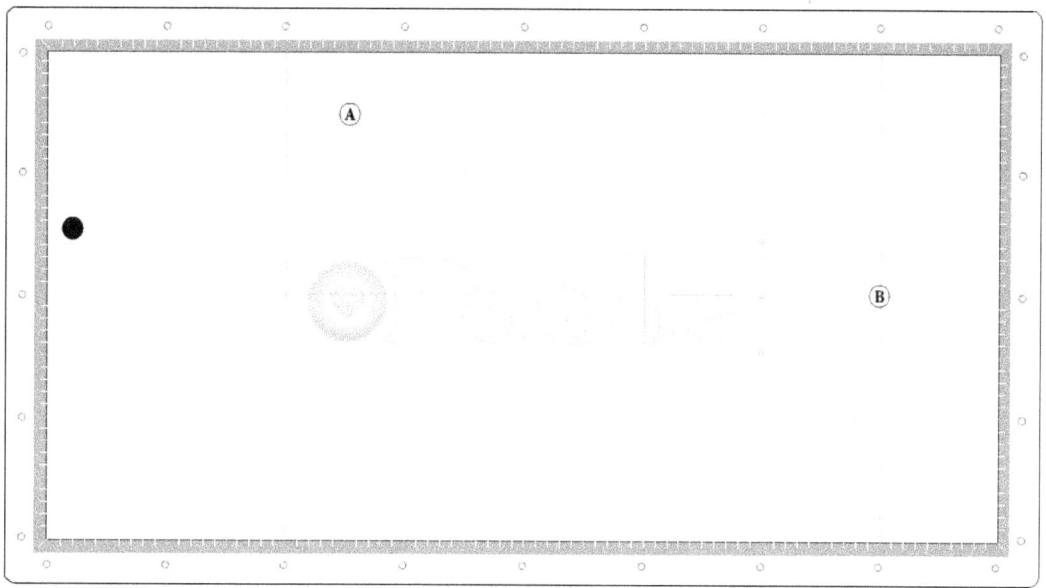

ANMÄRKNINGAR:

Grupp 3, set 12

ANMÄRKNINGAR:

Carambole biljard: Fler gåtor och pussel

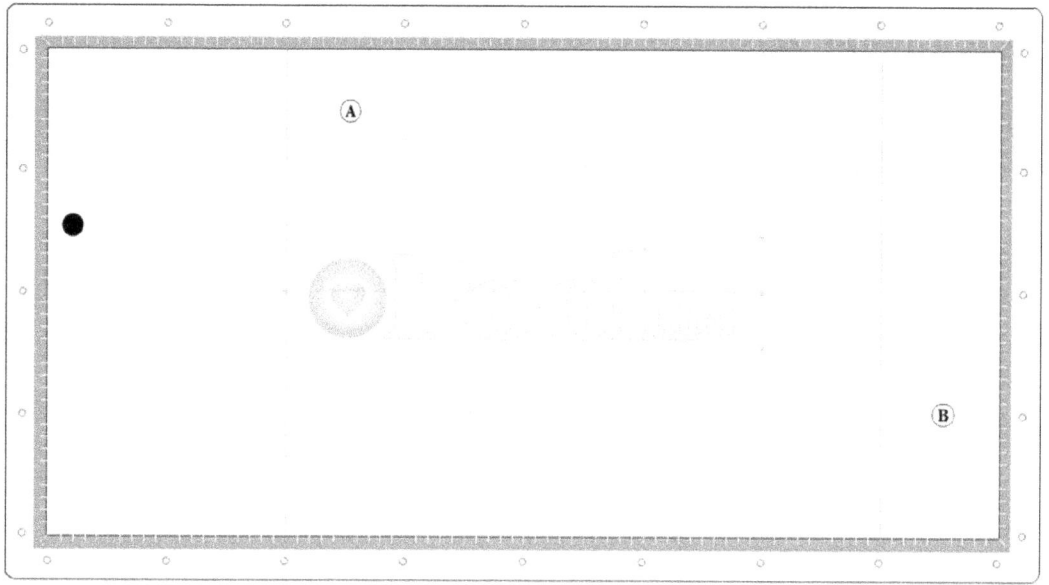

ANMÄRKNINGAR:

GRUPP 4

Grupp 4, set 1

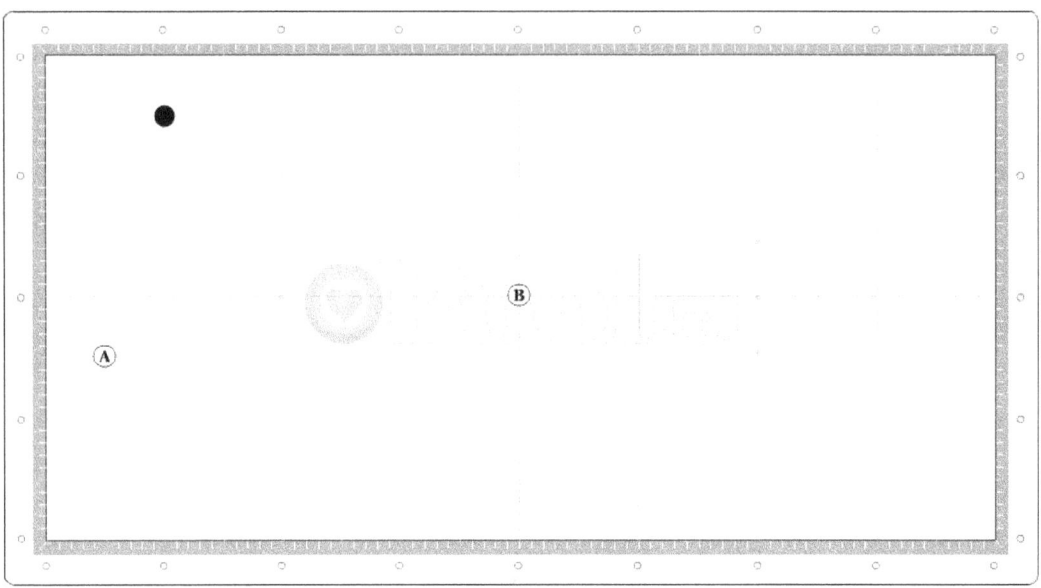

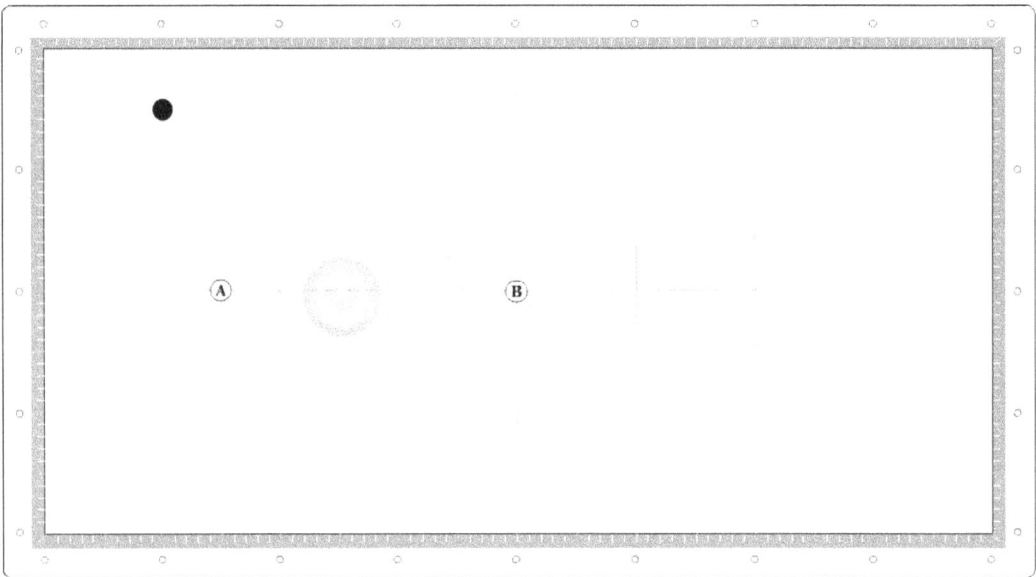

ANMÄRKNINGAR:

Carambole biljard: Fler gåtor och pussel

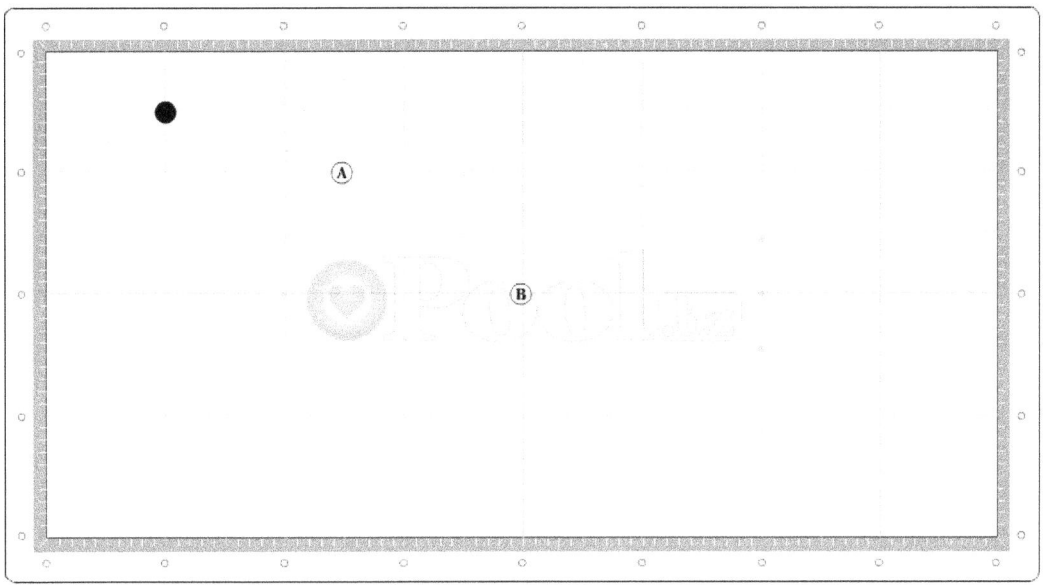

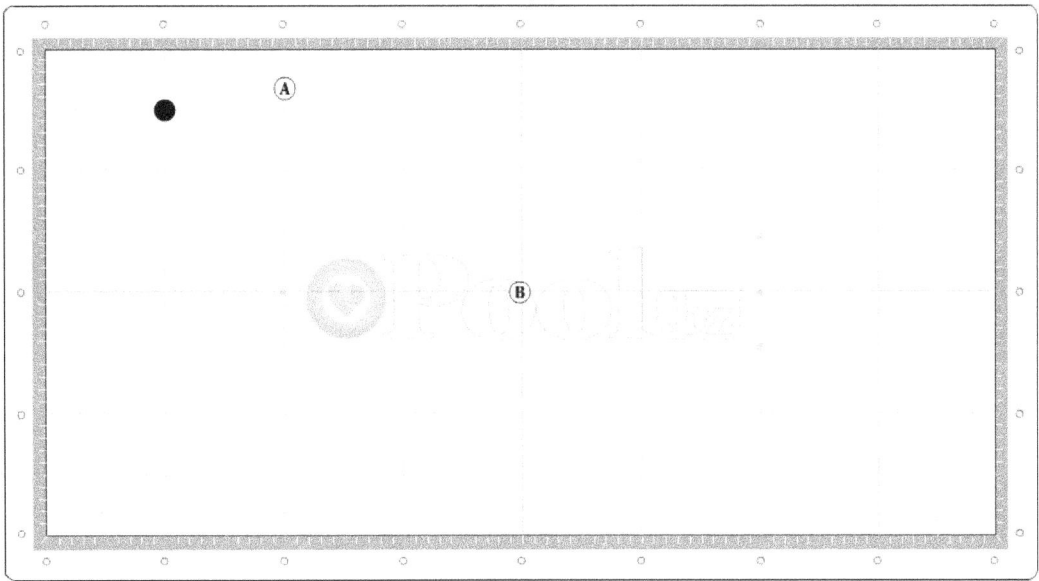

ANMÄRKNINGAR:

Grupp 4, set 2

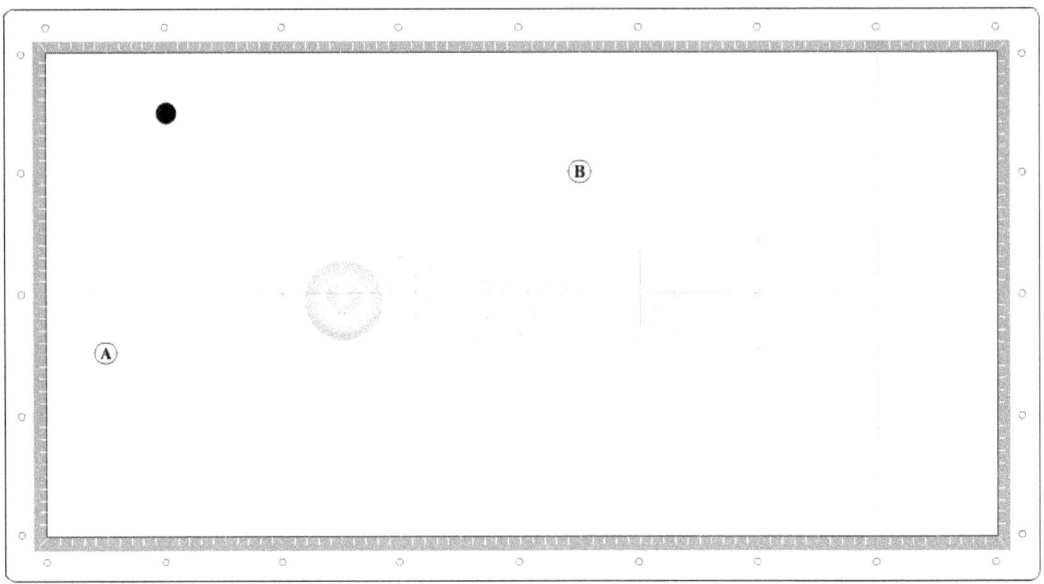

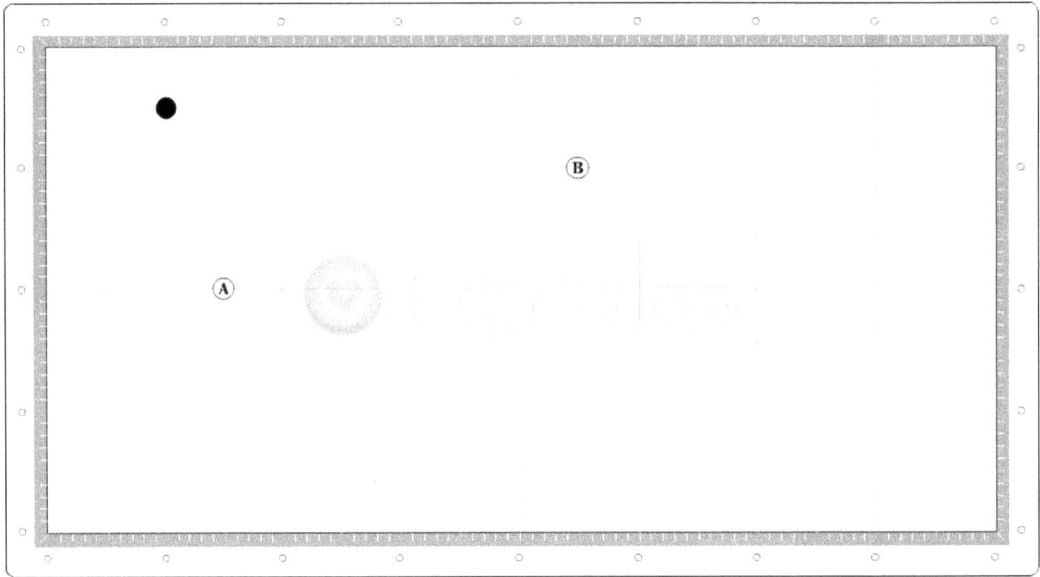

ANMÄRKNINGAR:

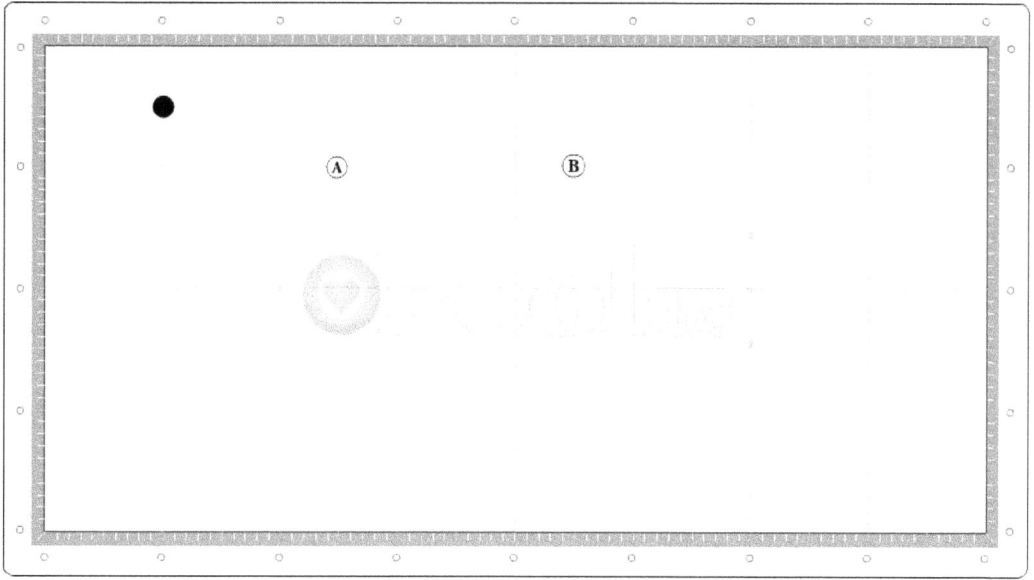

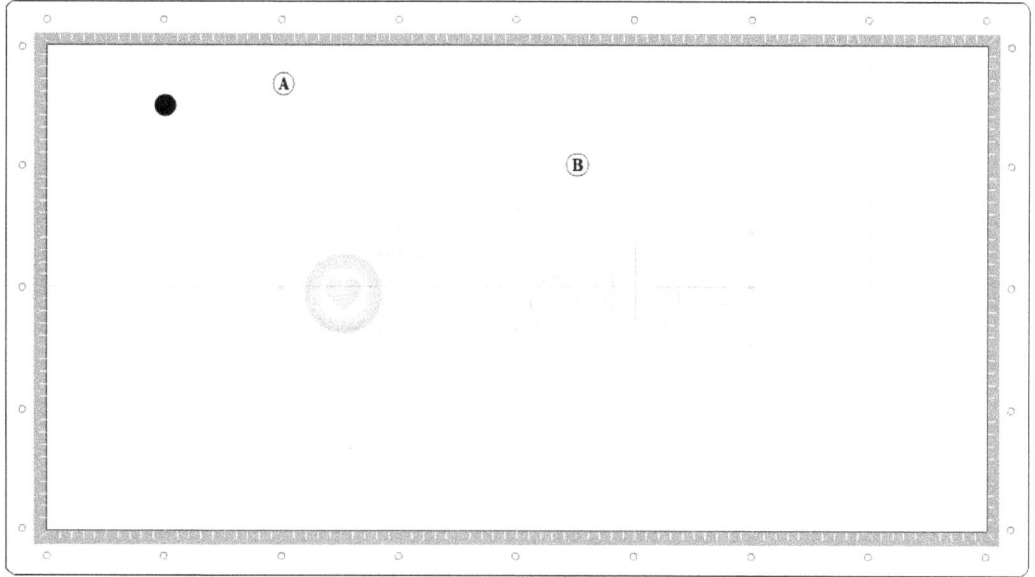

ANMÄRKNINGAR:

Grupp 4, set 3

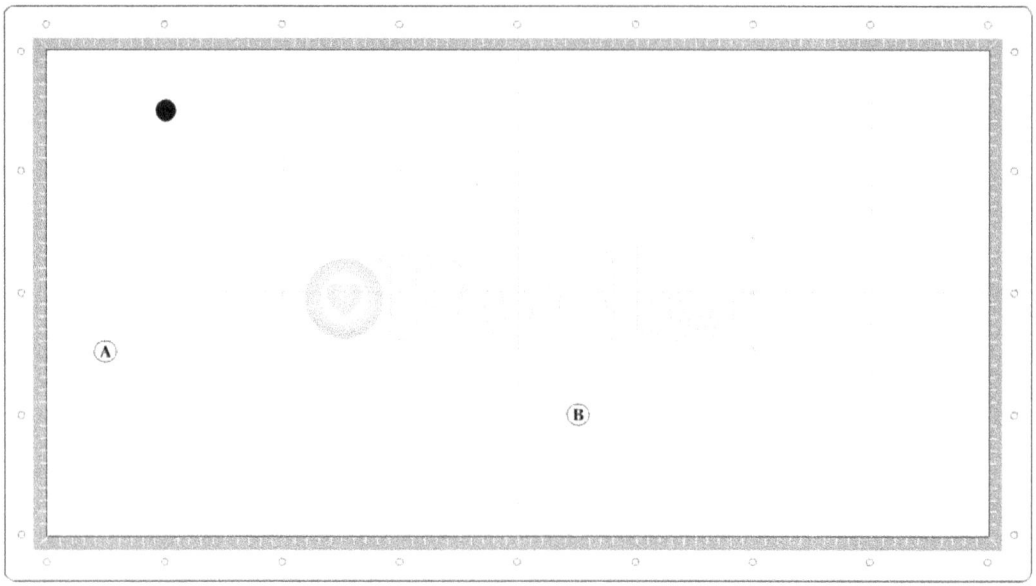

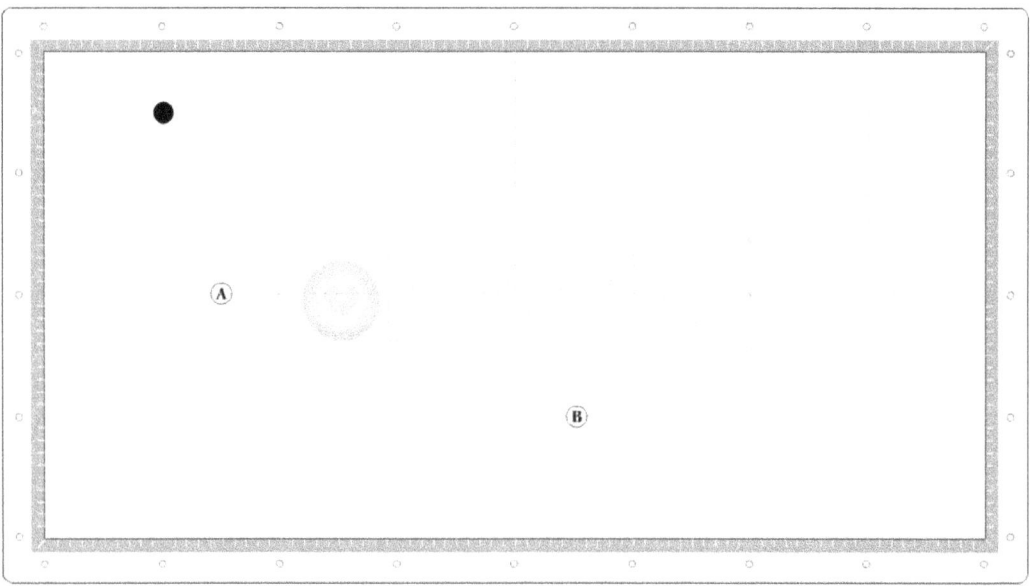

ANMÄRKNINGAR:

Carambole biljard: Fler gåtor och pussel

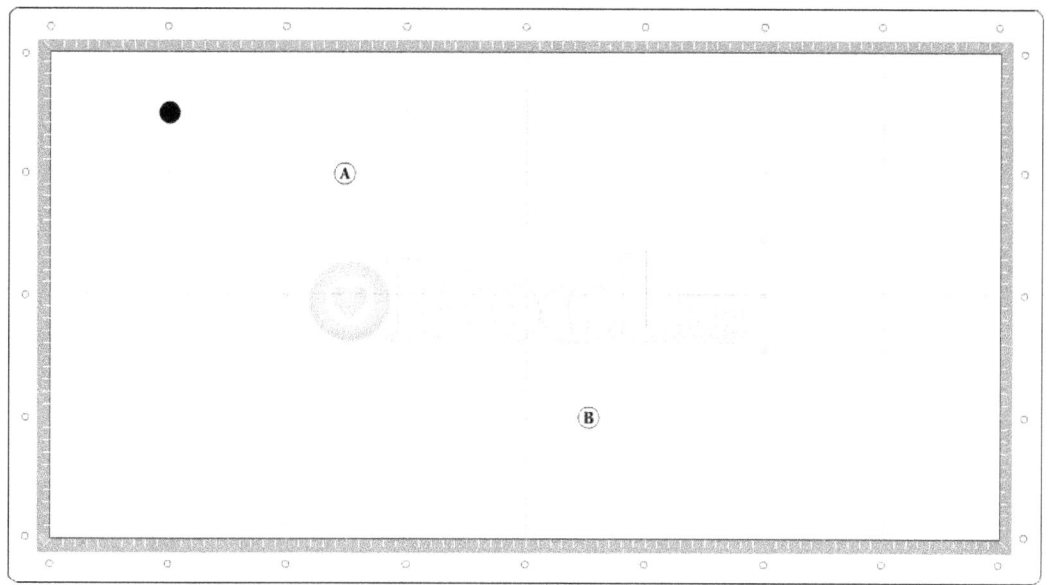

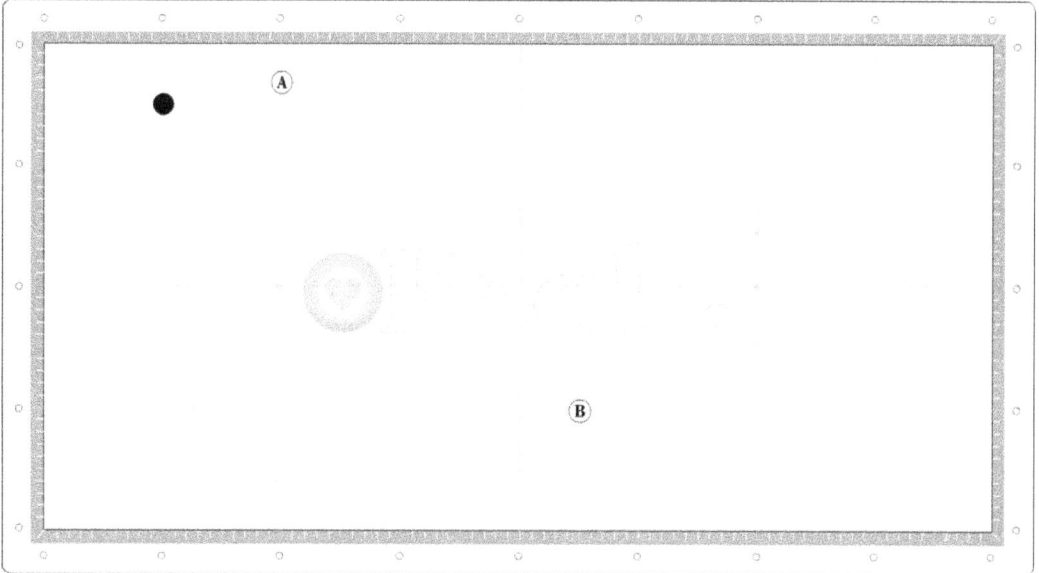

ANMÄRKNINGAR:

Grupp 4, set 4

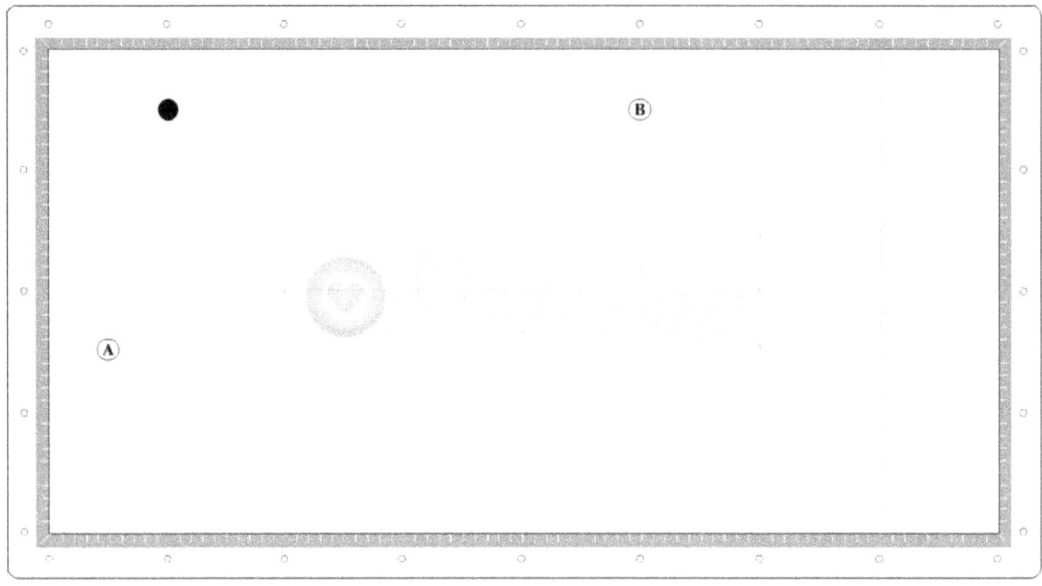

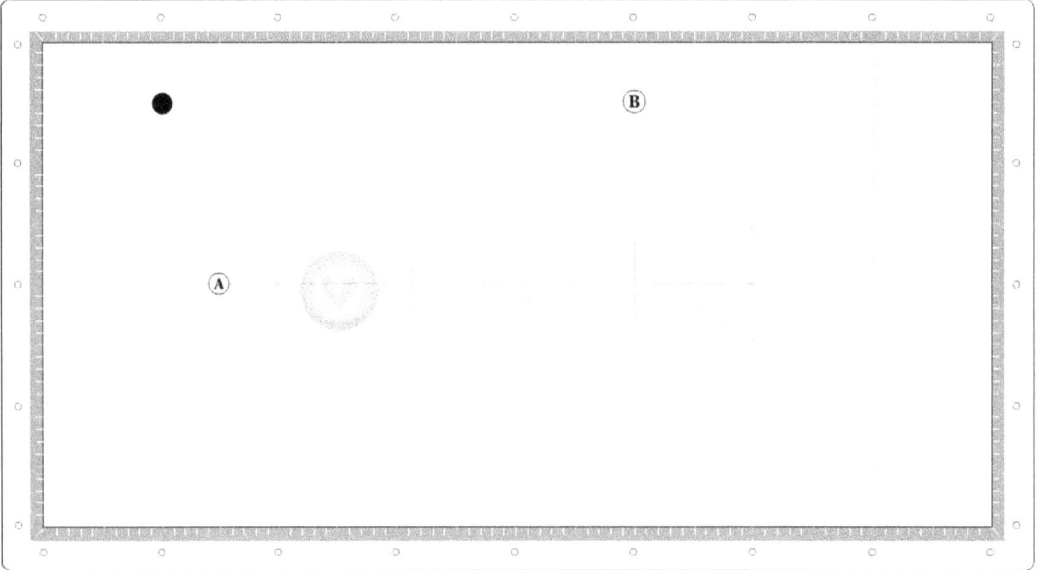

ANMÄRKNINGAR:

Carambole biljard: Fler gåtor och pussel

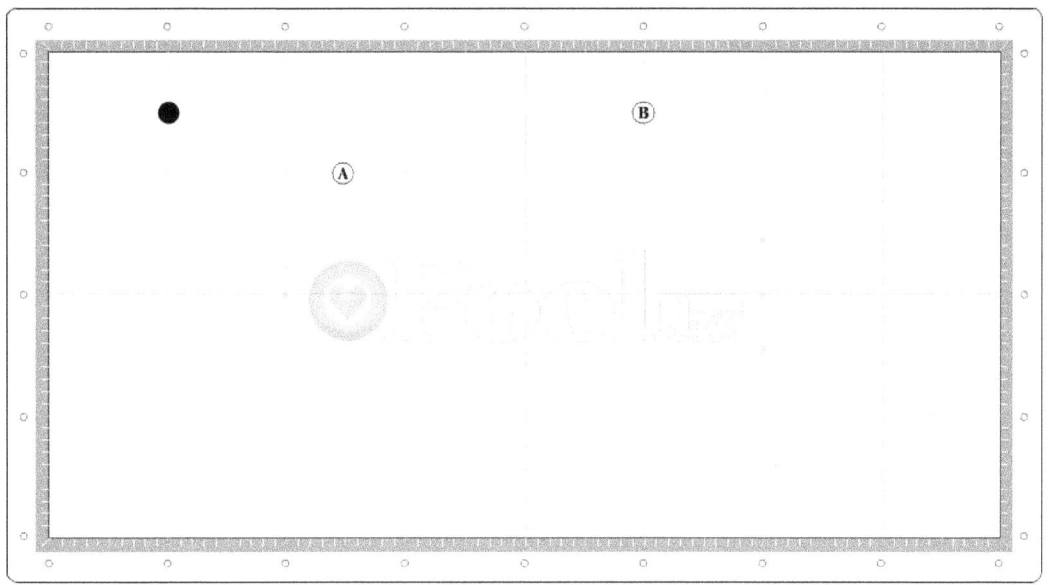

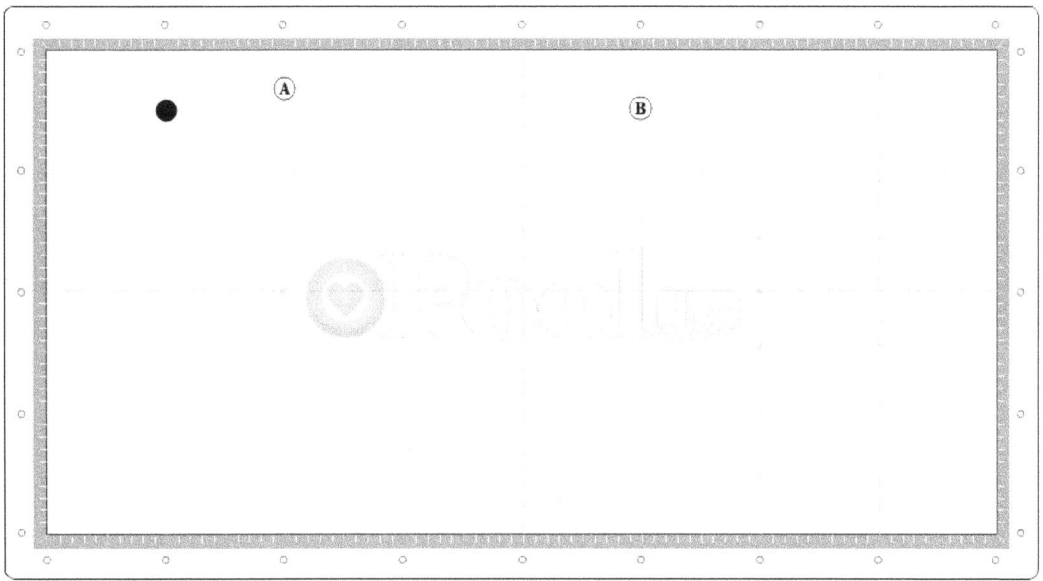

ANMÄRKNINGAR:

Grupp 4, set 5

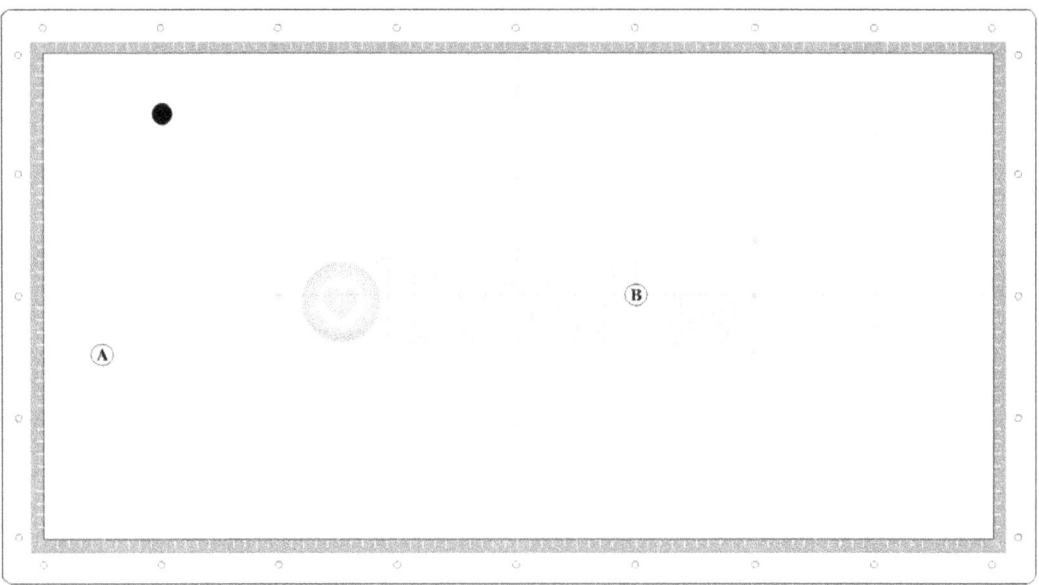

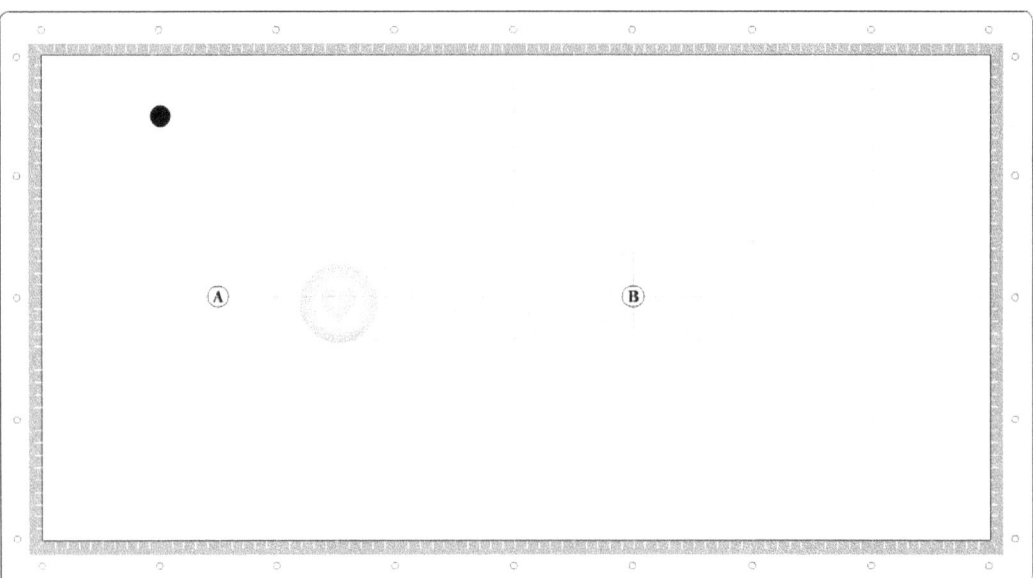

ANMÄRKNINGAR:

Carambole biljard: Fler gåtor och pussel

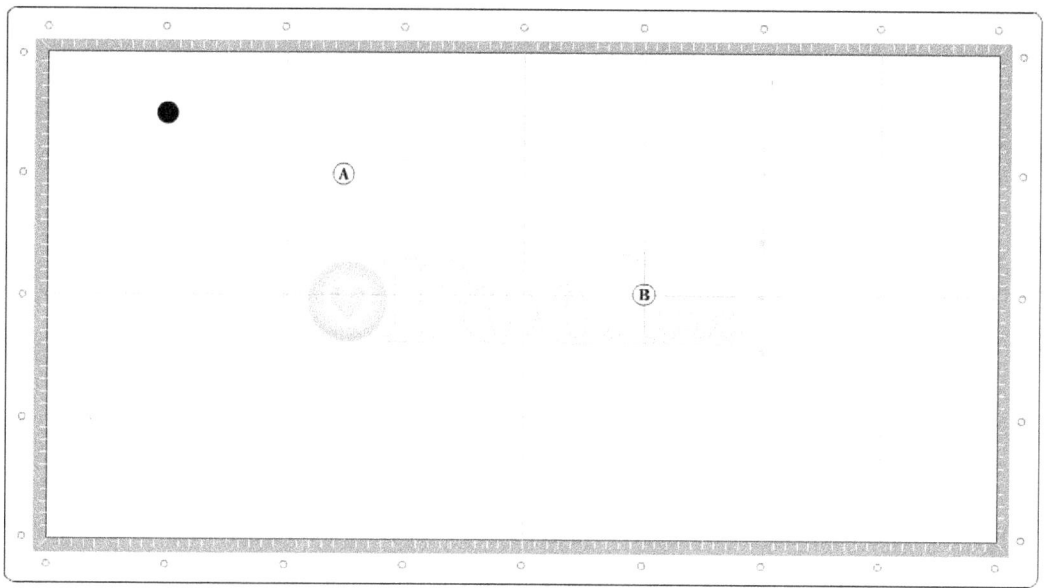

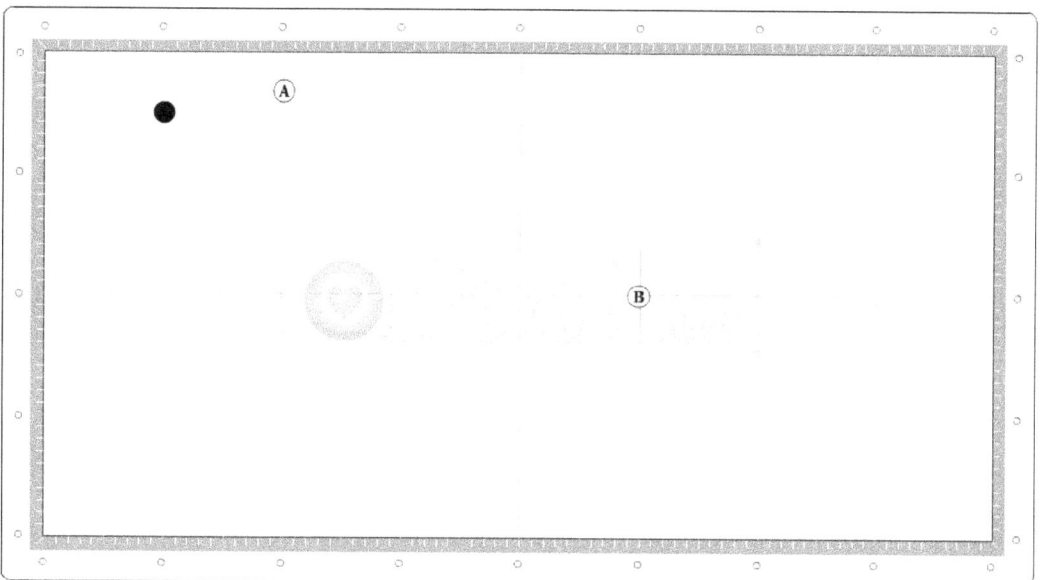

ANMÄRKNINGAR:

Grupp 4, set 6

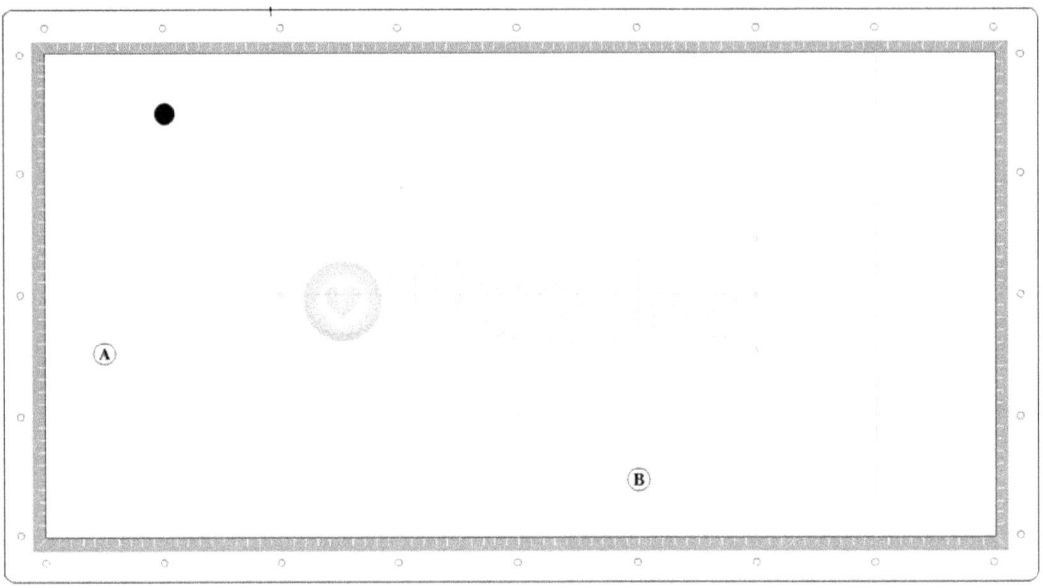

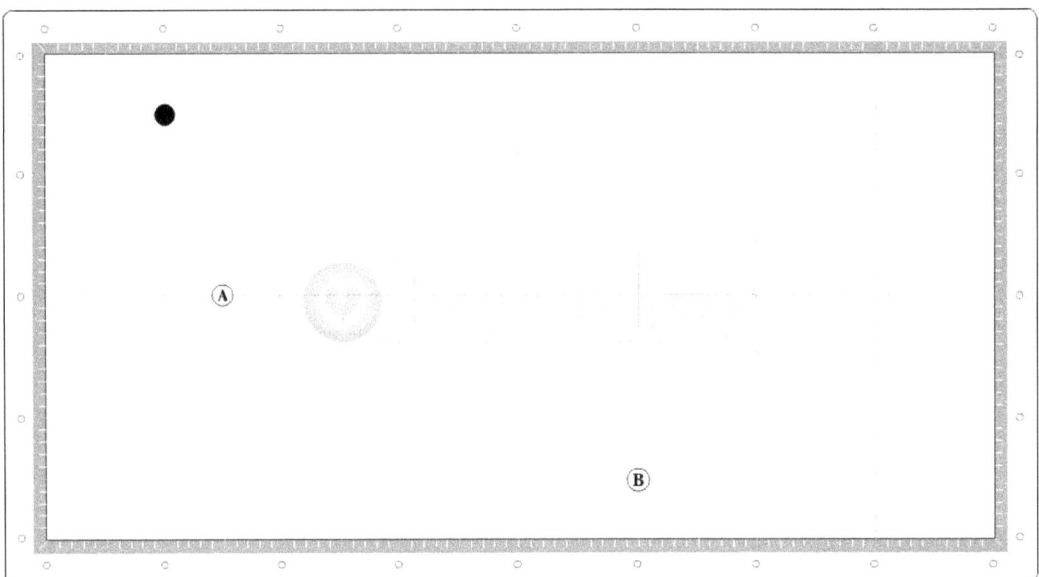

ANMÄRKNINGAR:

Carambole biljard: Fler gåtor och pussel

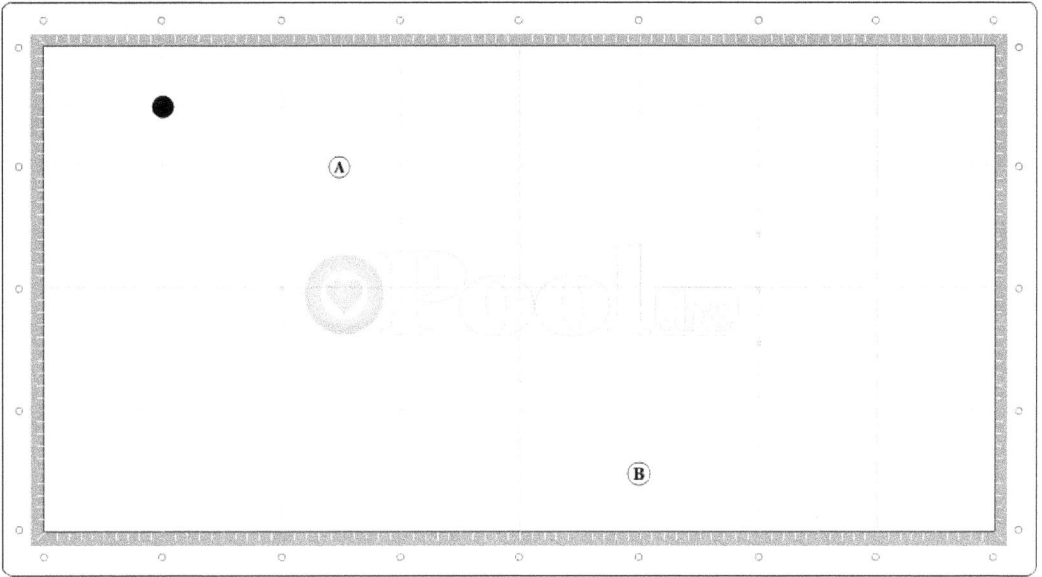

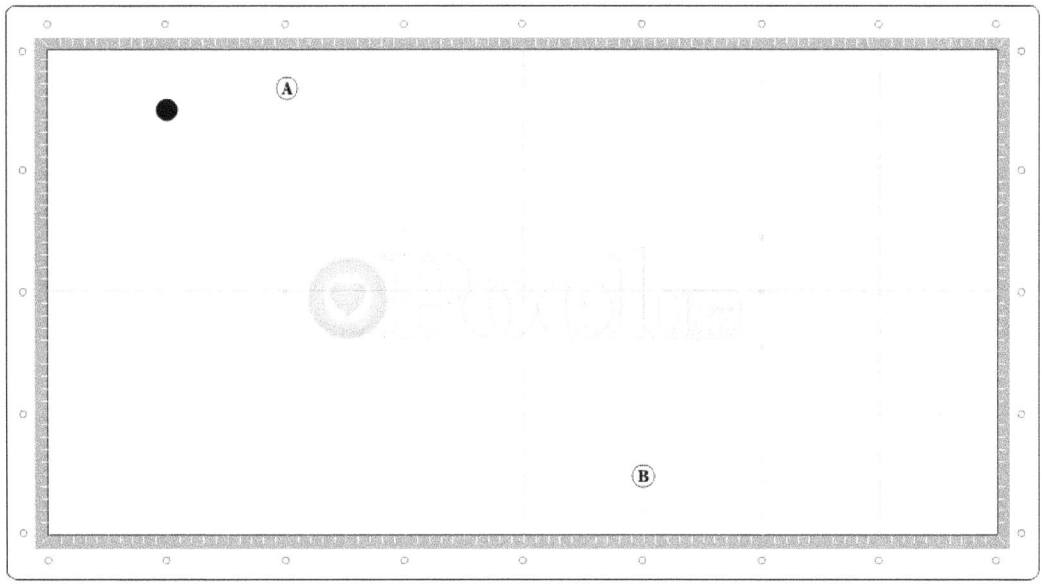

ANMÄRKNINGAR:

Grupp 4, set 7

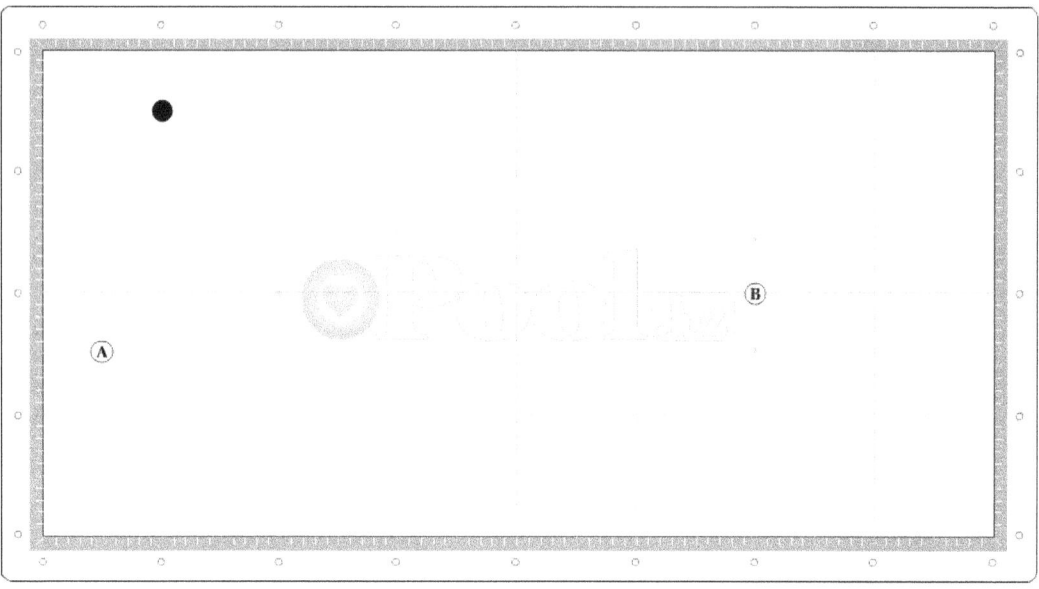

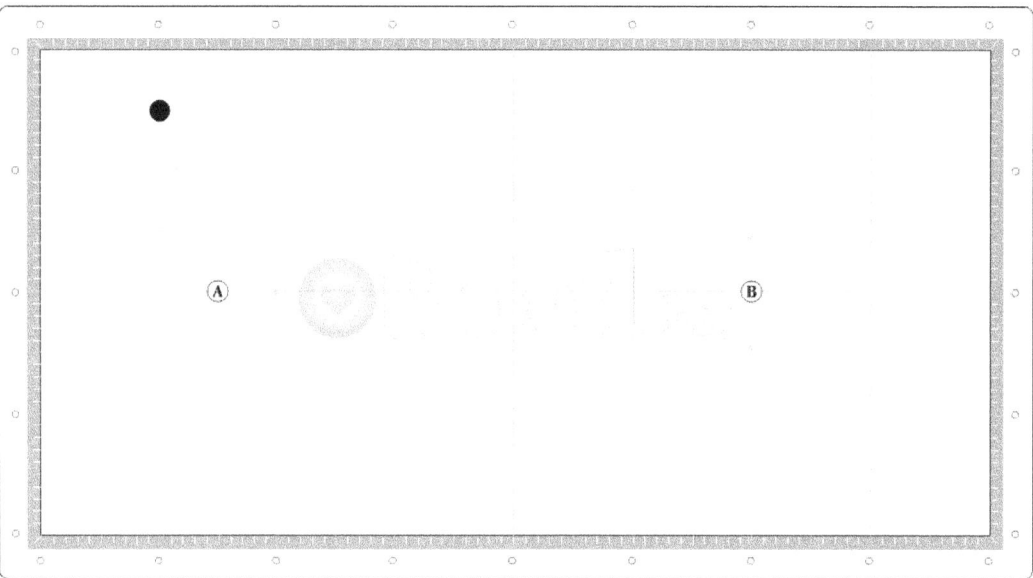

ANMÄRKNINGAR:

Carambole biljard: Fler gåtor och pussel

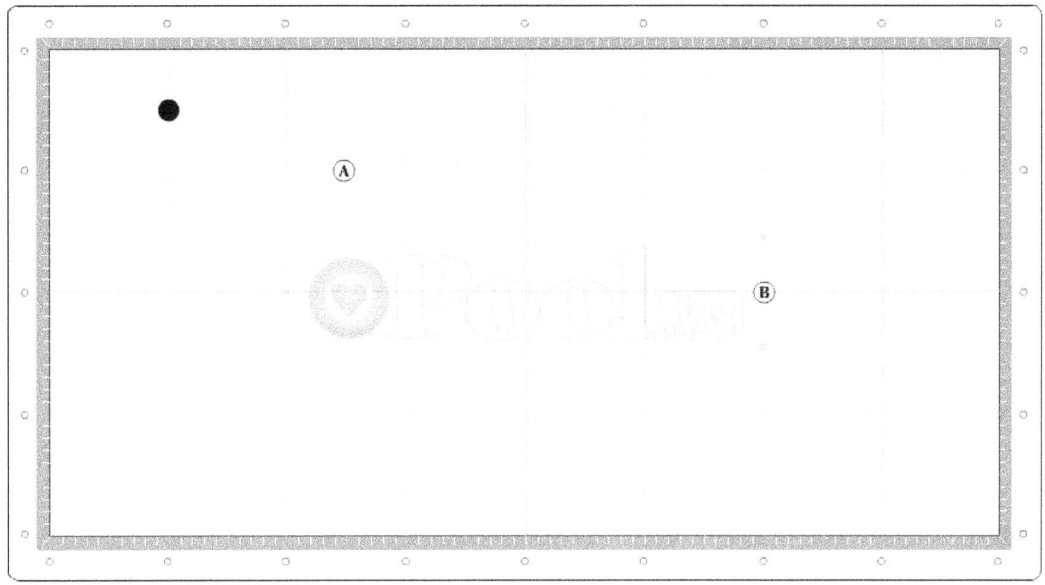

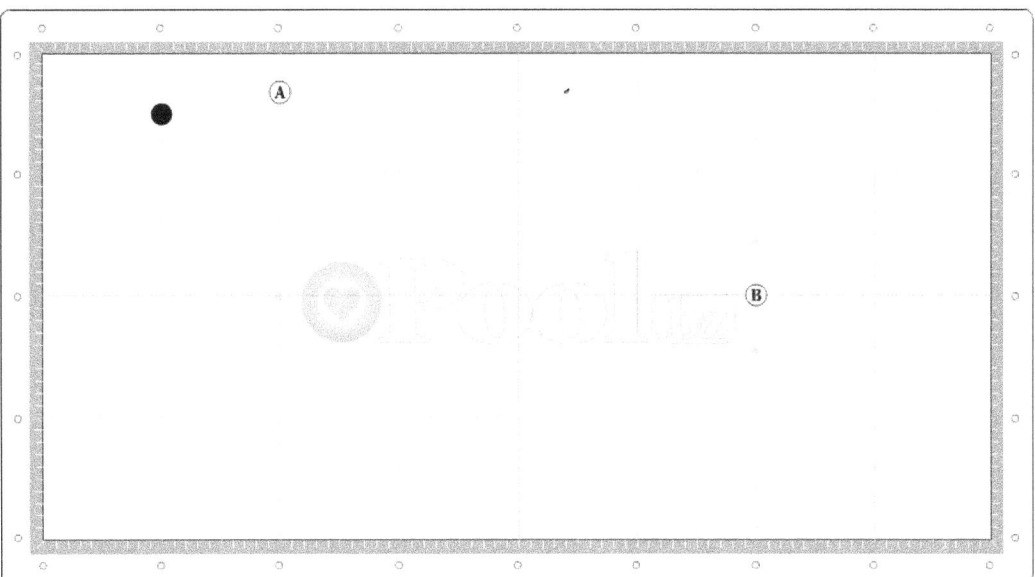

ANMÄRKNINGAR:

Grupp 4, set 8

ANMÄRKNINGAR:

Carambole biljard: Fler gåtor och pussel

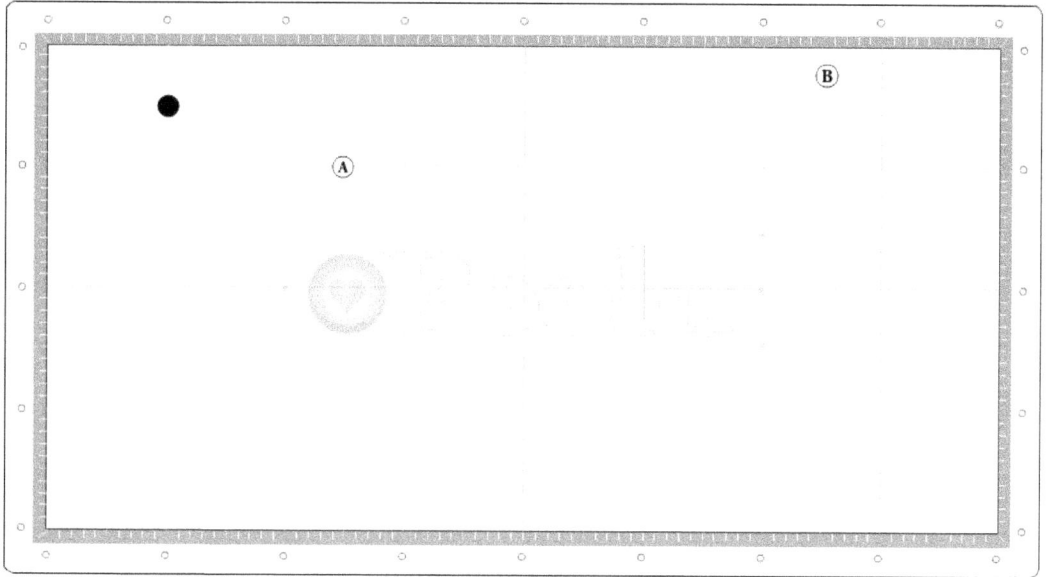

ANMÄRKNINGAR:

Grupp 4, set 9

ANMÄRKNINGAR:

Carambole biljard: Fler gåtor och pussel

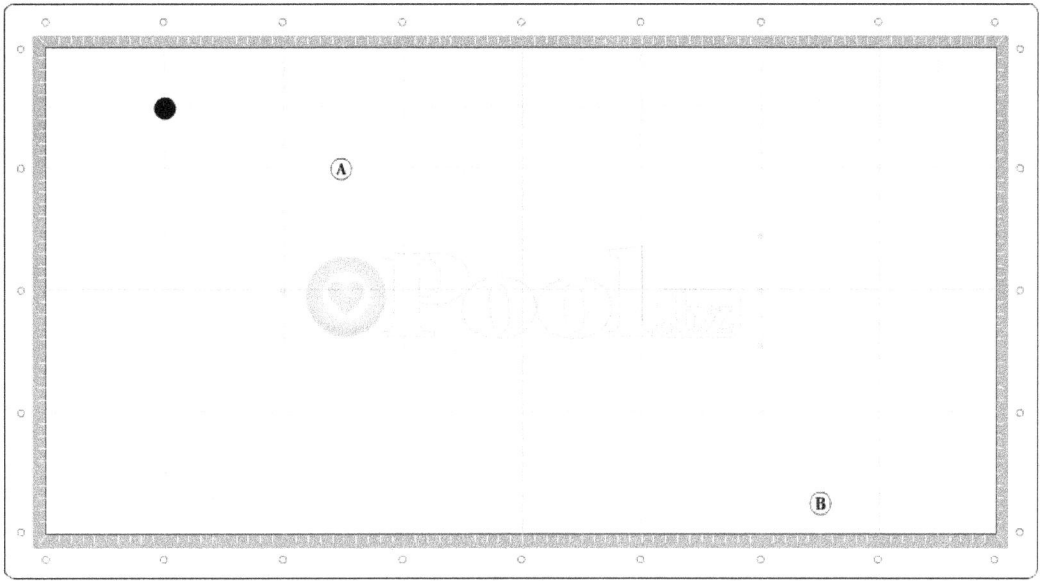

ANMÄRKNINGAR:

Grupp 4, set 10

ANMÄRKNINGAR:

Carambole biljard: Fler gåtor och pussel

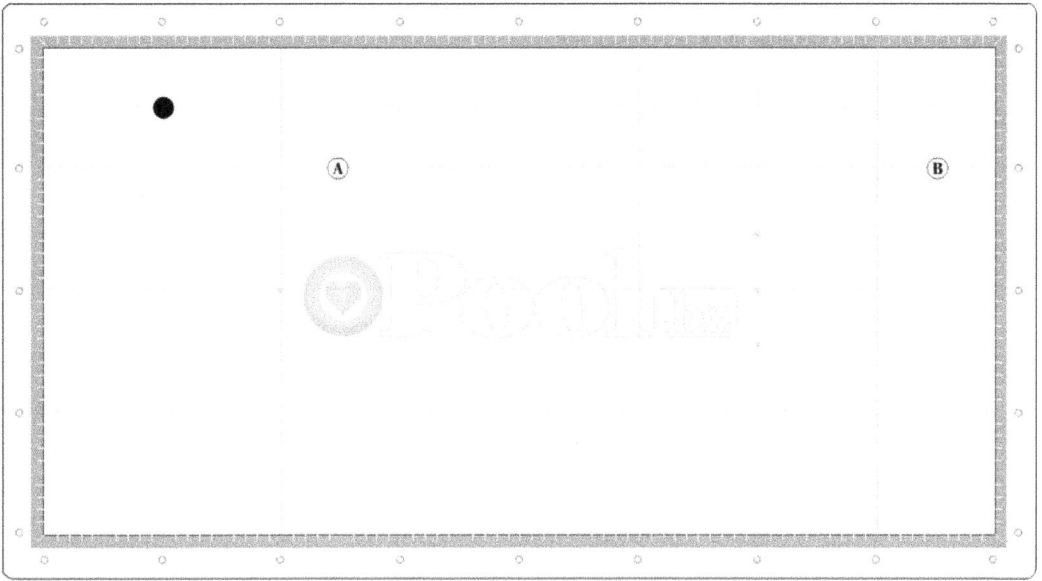

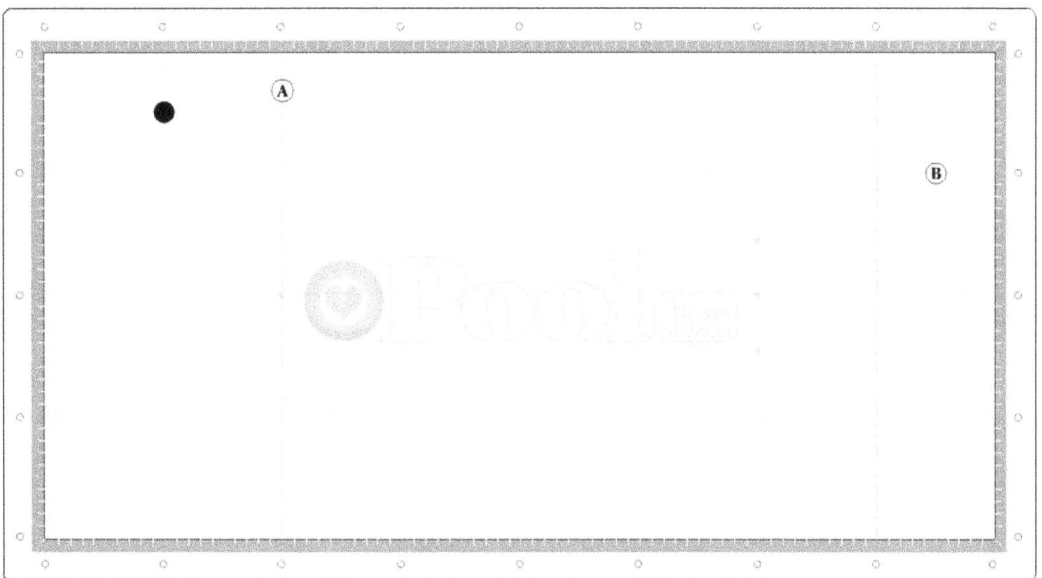

ANMÄRKNINGAR:

Grupp 4, set 11

ANMÄRKNINGAR:

Carambole biljard: Fler gåtor och pussel

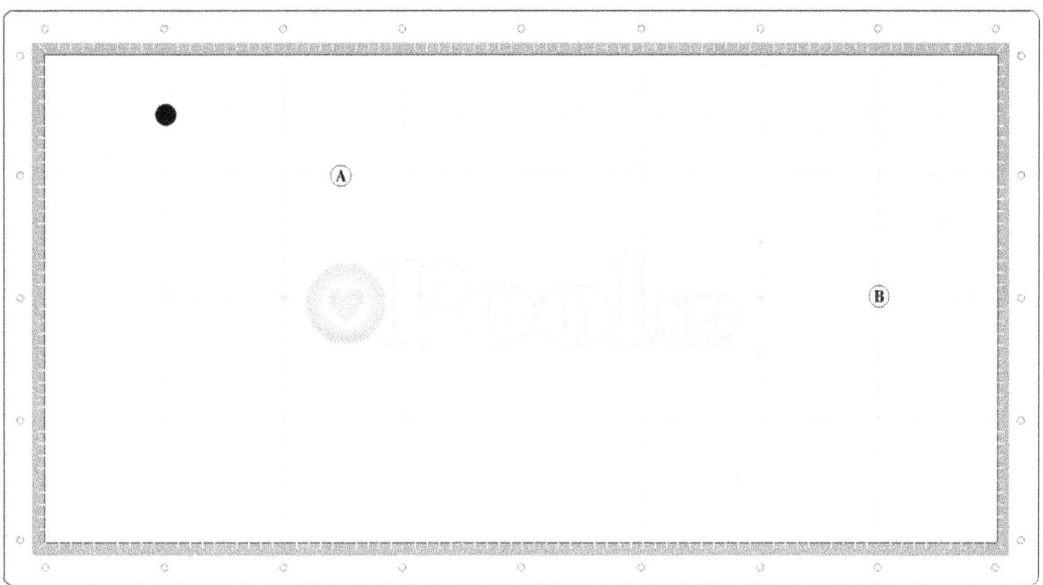

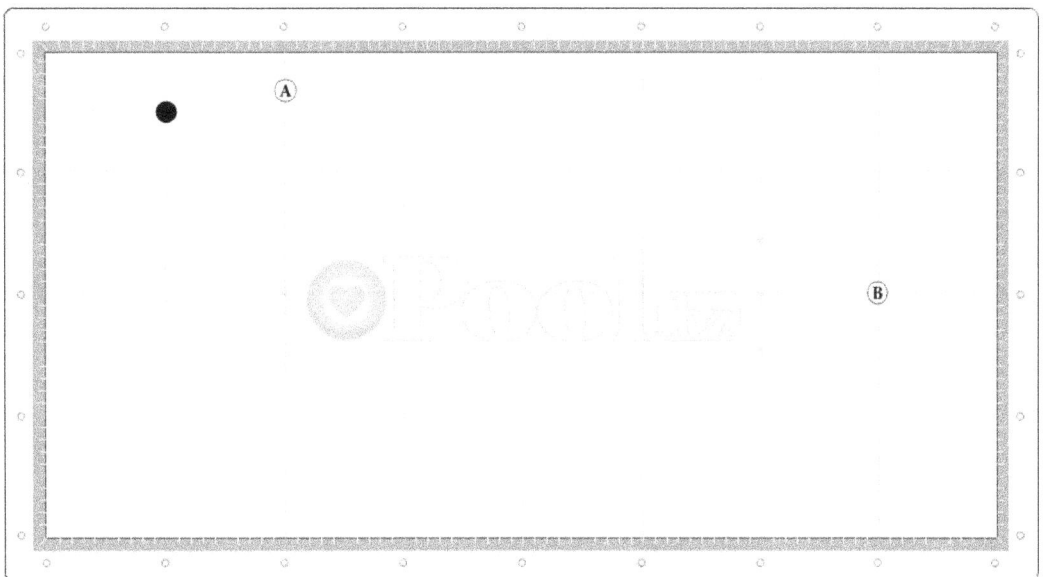

ANMÄRKNINGAR:

Grupp 4, set 12

ANMÄRKNINGAR:

Carambole biljard: Fler gåtor och pussel

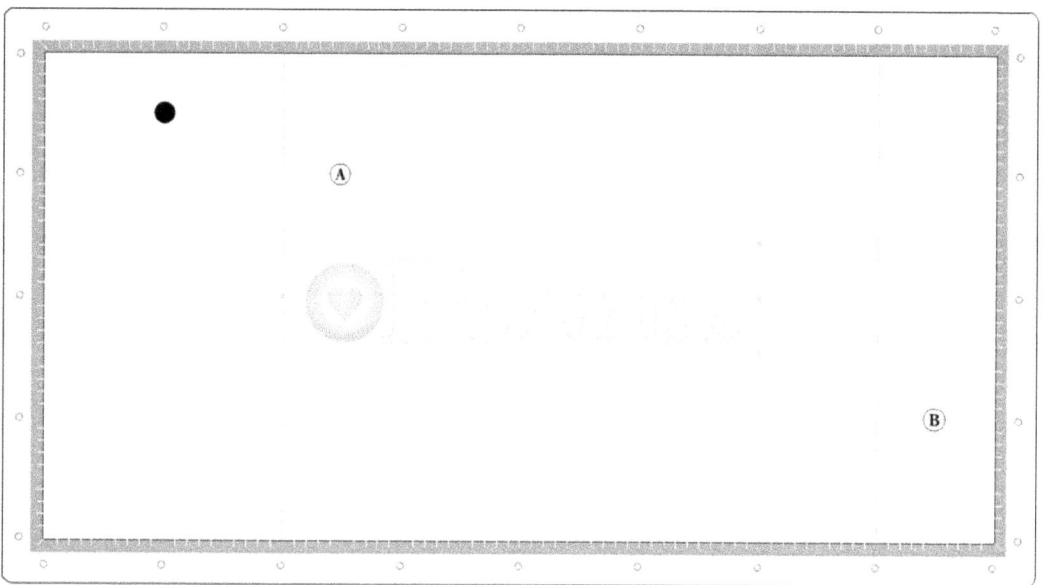

ANMÄRKNINGAR:

GRUPP 5

Grupp 5, set 1

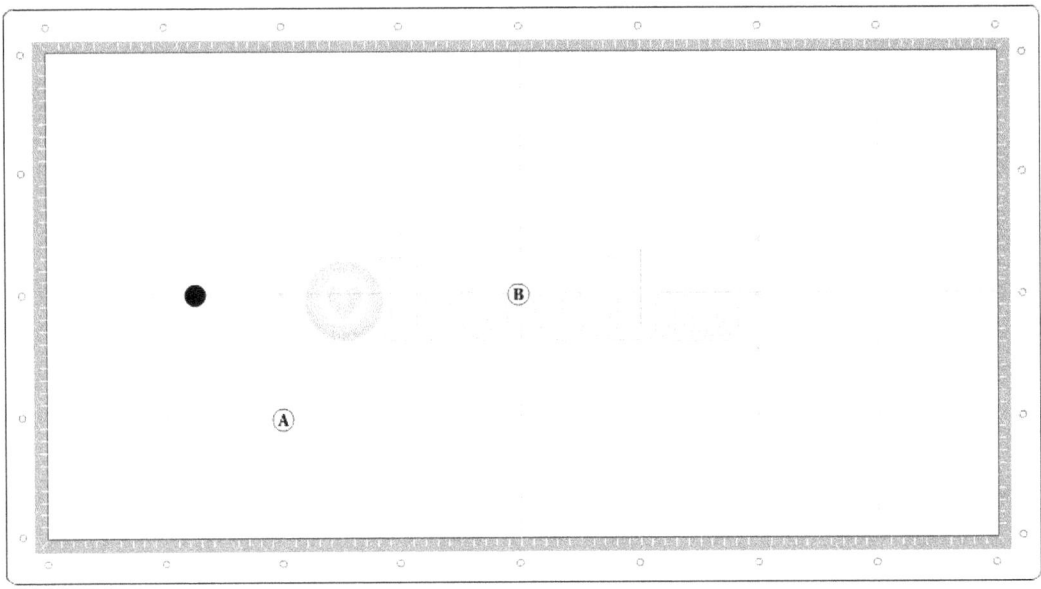

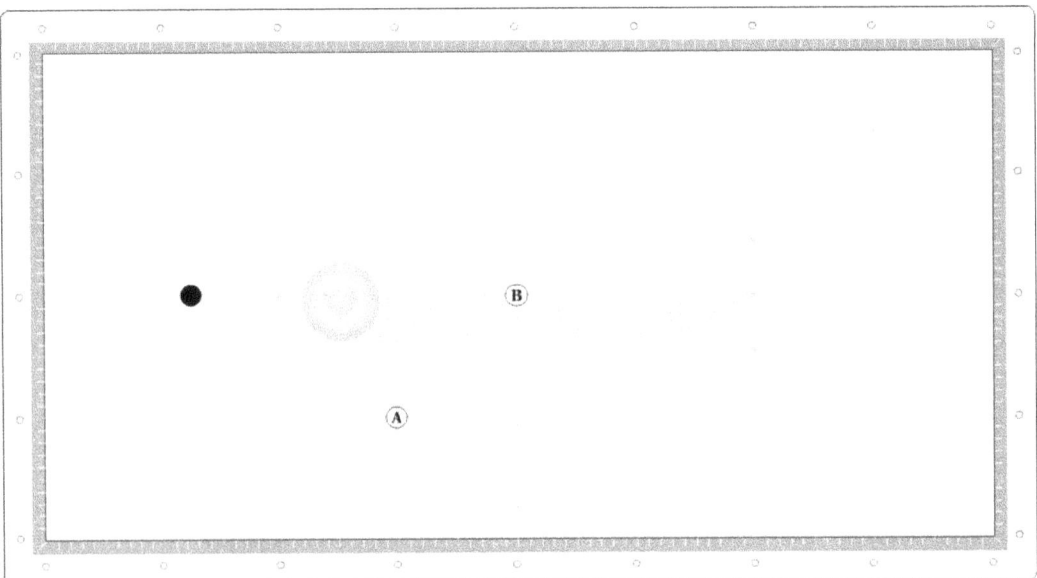

ANMÄRKNINGAR:

Carambole biljard: Fler gåtor och pussel

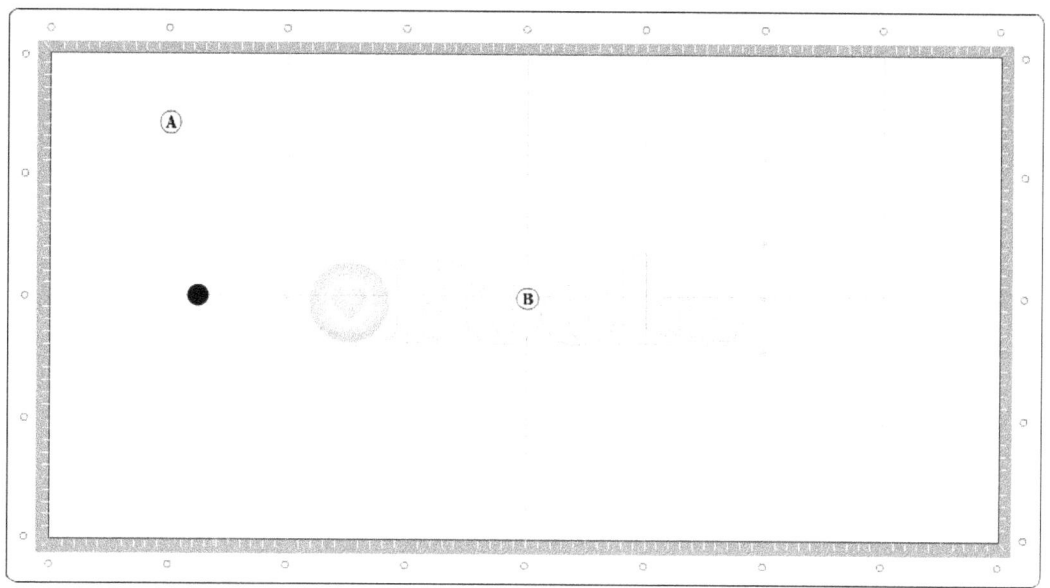

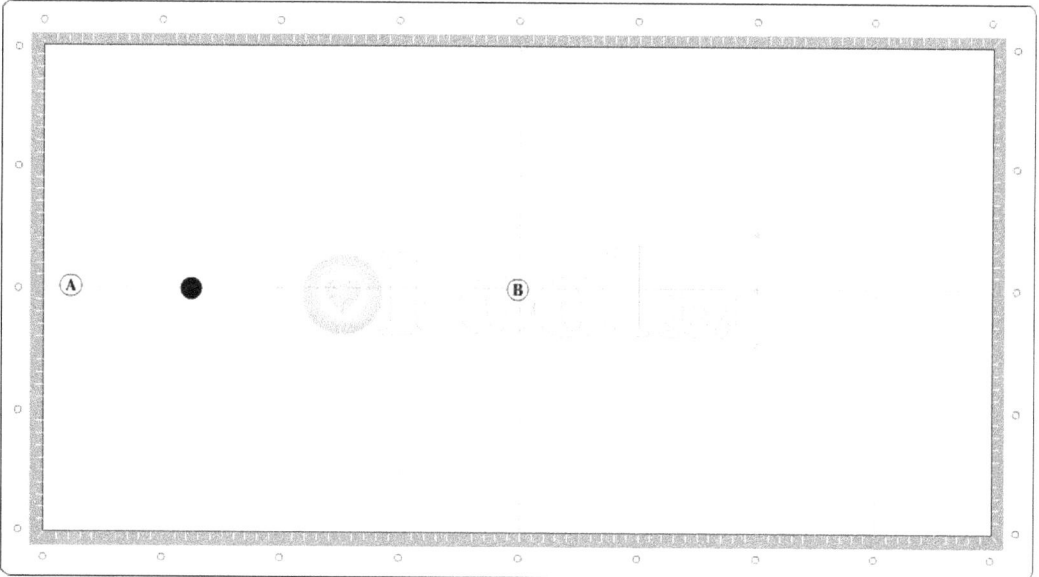

ANMÄRKNINGAR:

Grupp 5, set 2

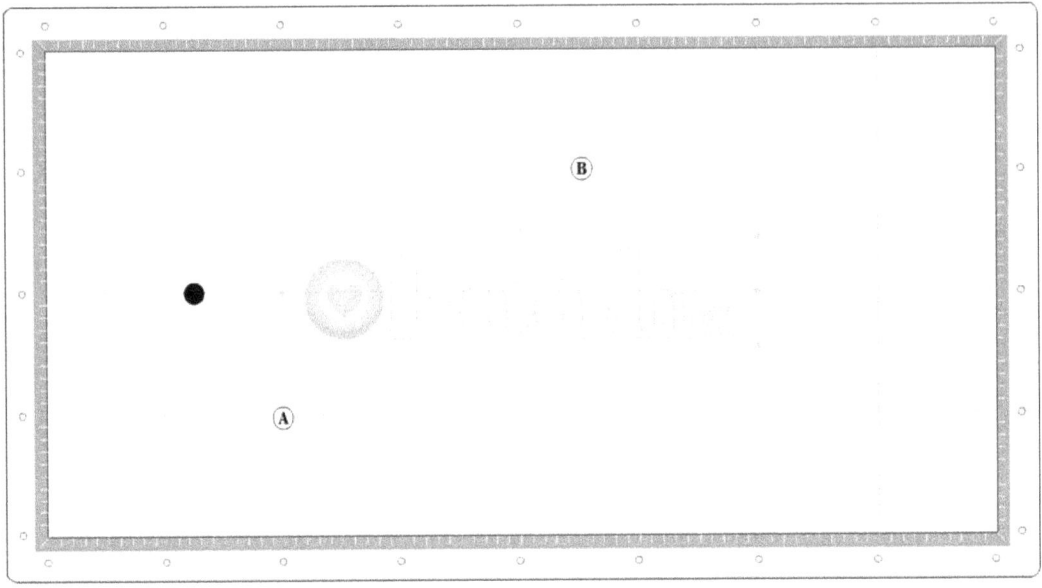

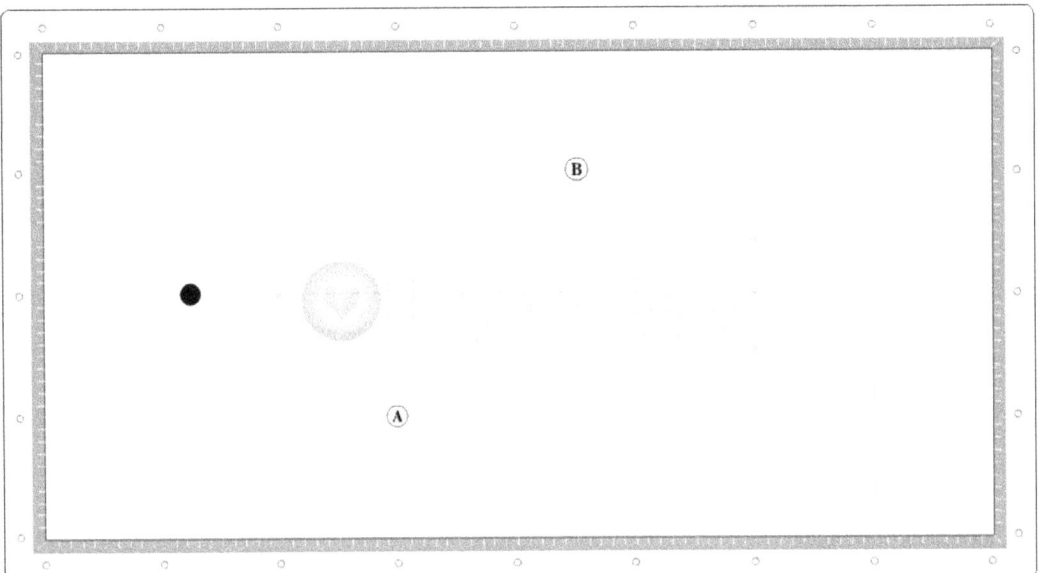

ANMÄRKNINGAR:

Carambole biljard: Fler gåtor och pussel

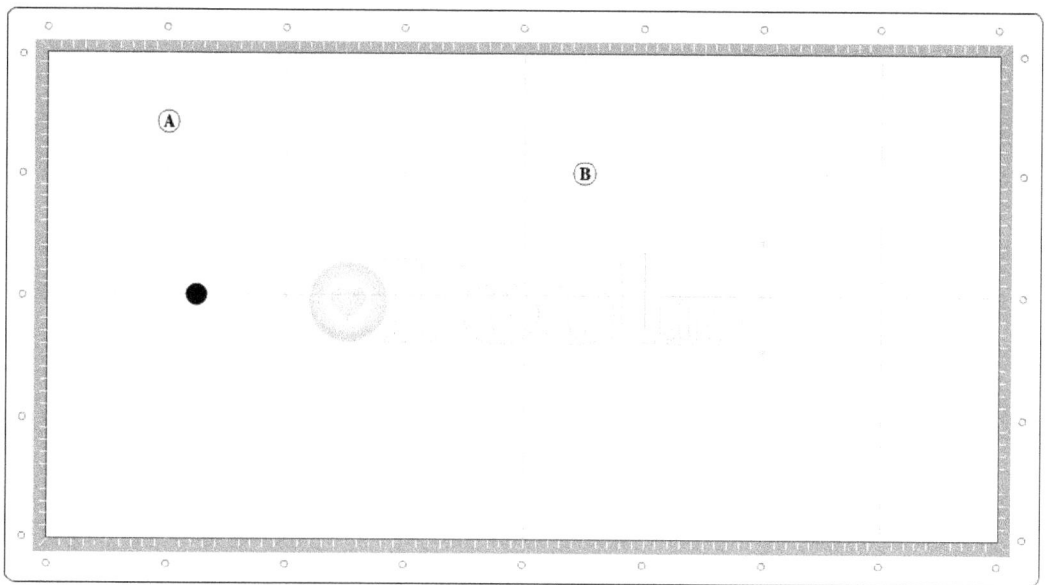

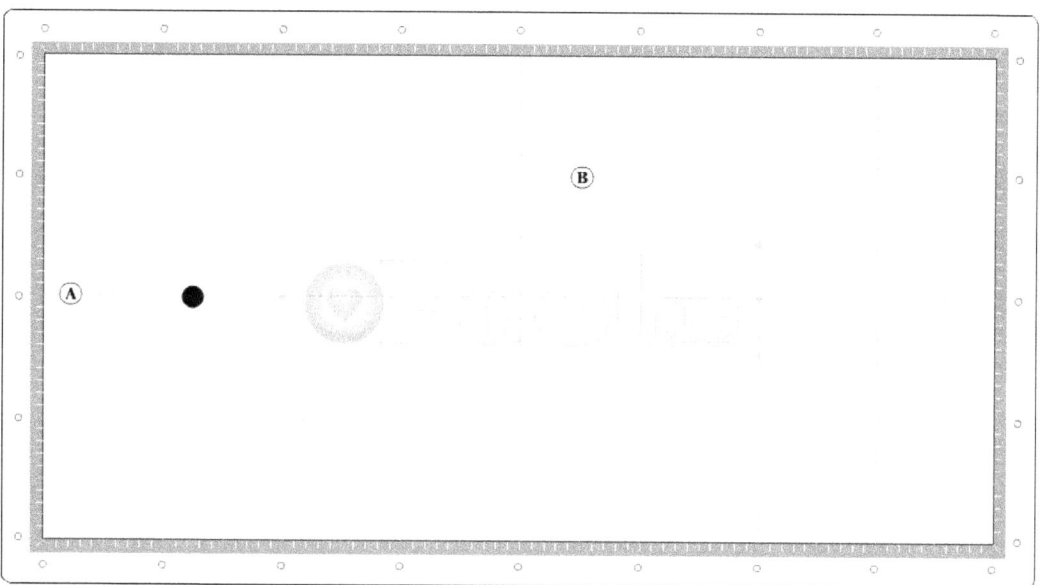

ANMÄRKNINGAR:

Grupp 5, set 3

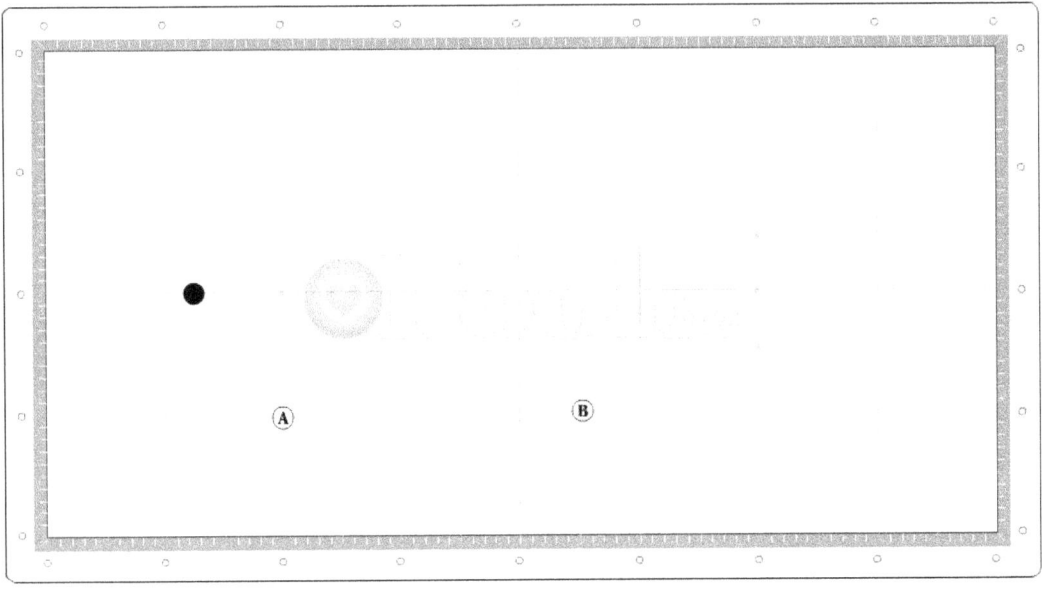

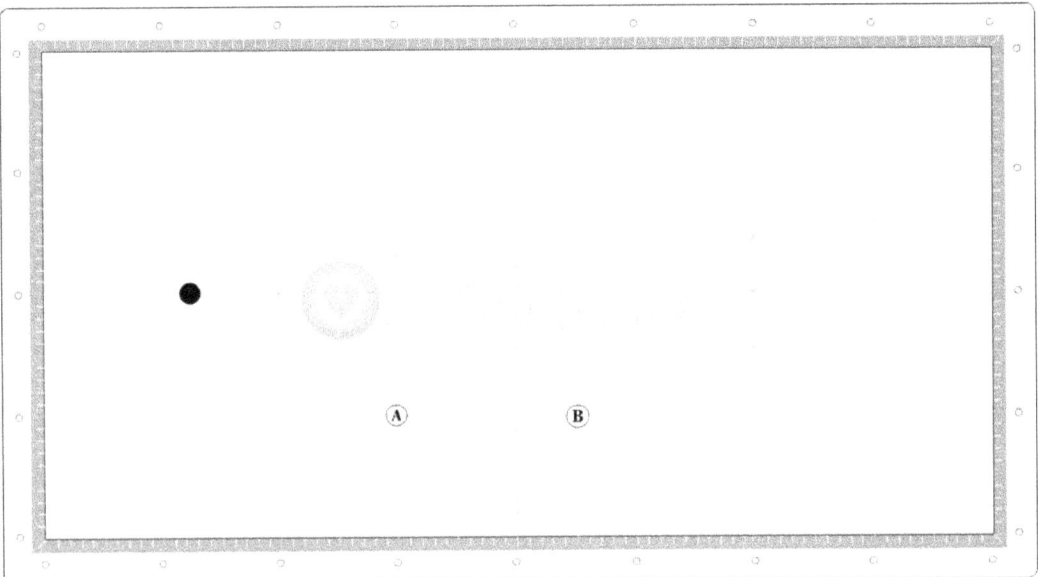

ANMÄRKNINGAR:

Carambole biljard: Fler gåtor och pussel

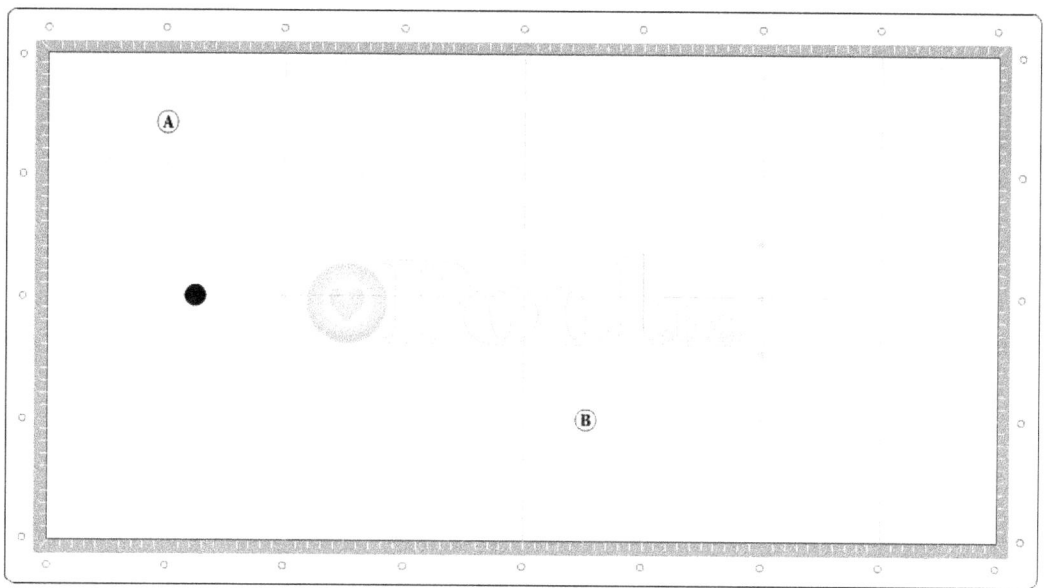

ANMÄRKNINGAR:

Grupp 5, set 4

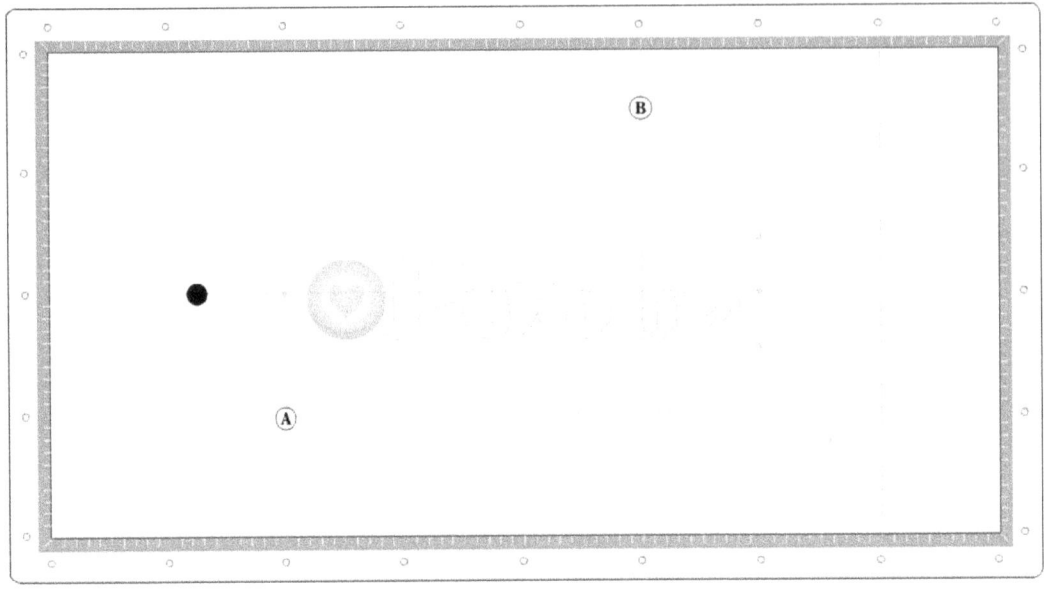

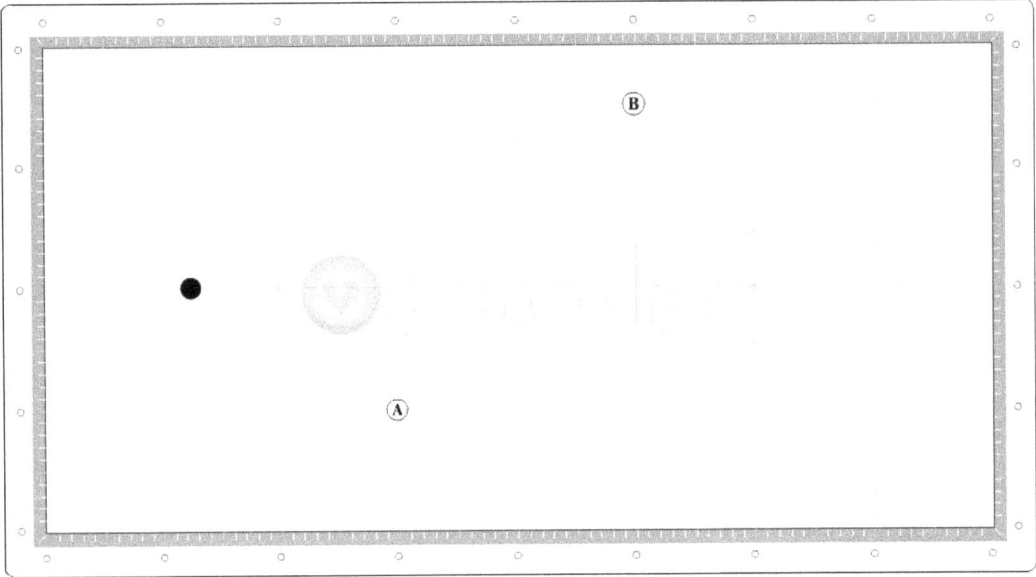

ANMÄRKNINGAR:

Carambole biljard: Fler gåtor och pussel

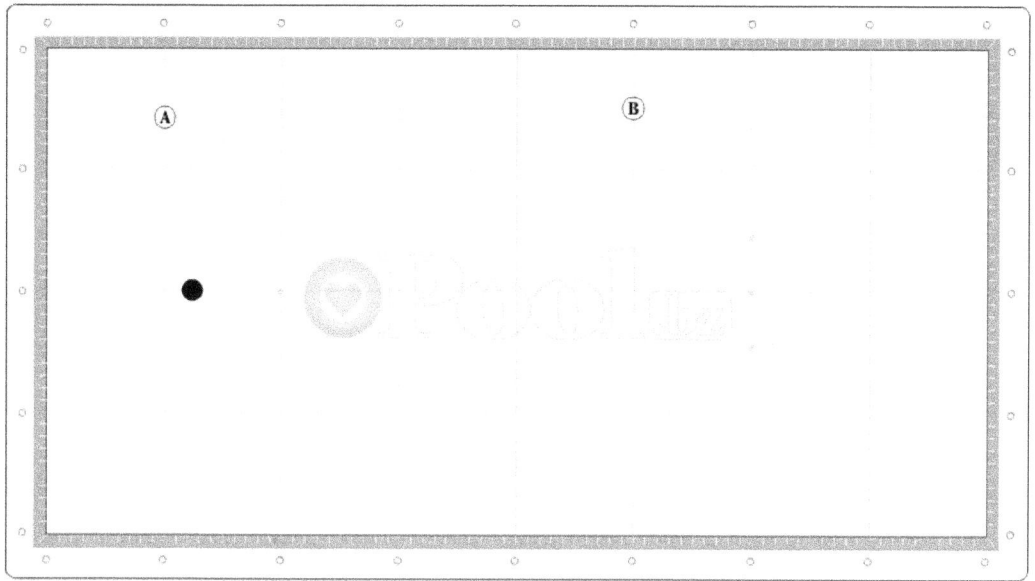

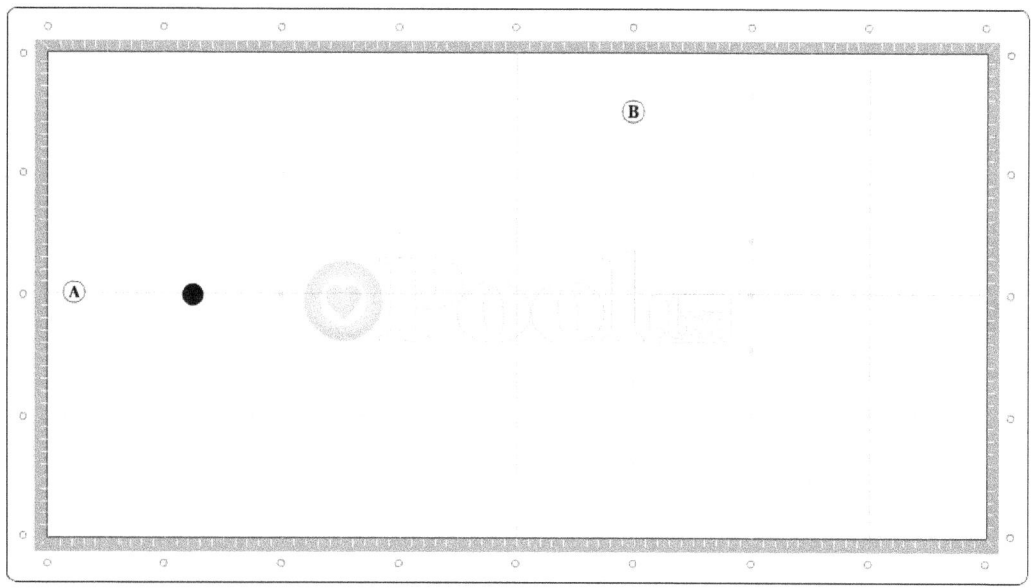

ANMÄRKNINGAR:

Grupp 5, set 5

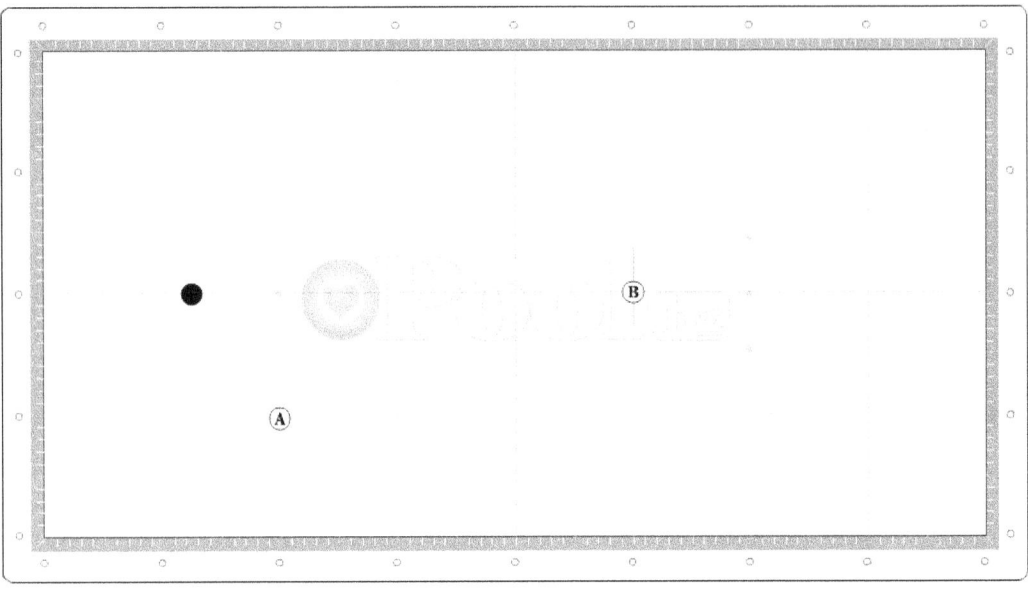

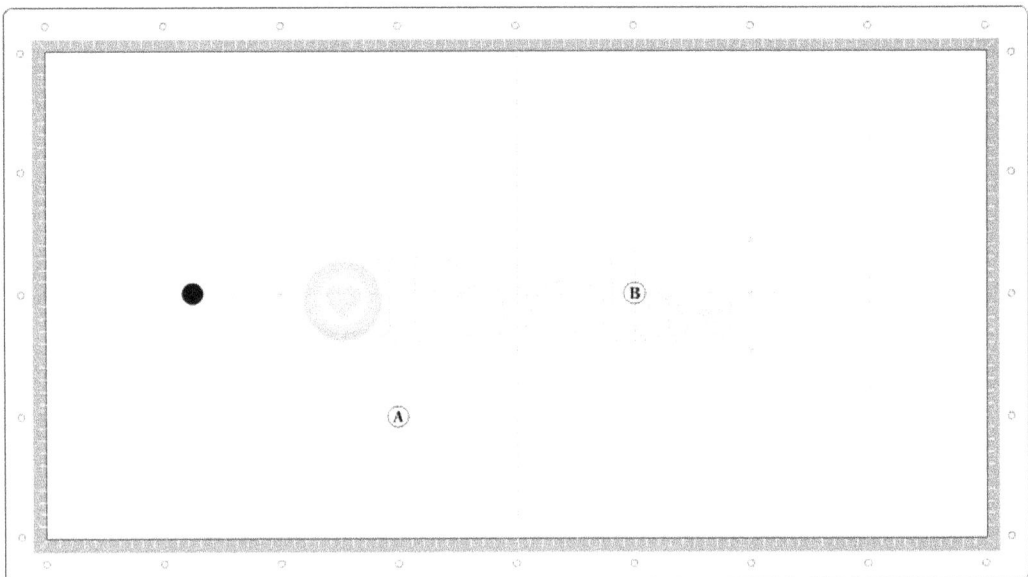

ANMÄRKNINGAR:

Carambole biljard: Fler gåtor och pussel

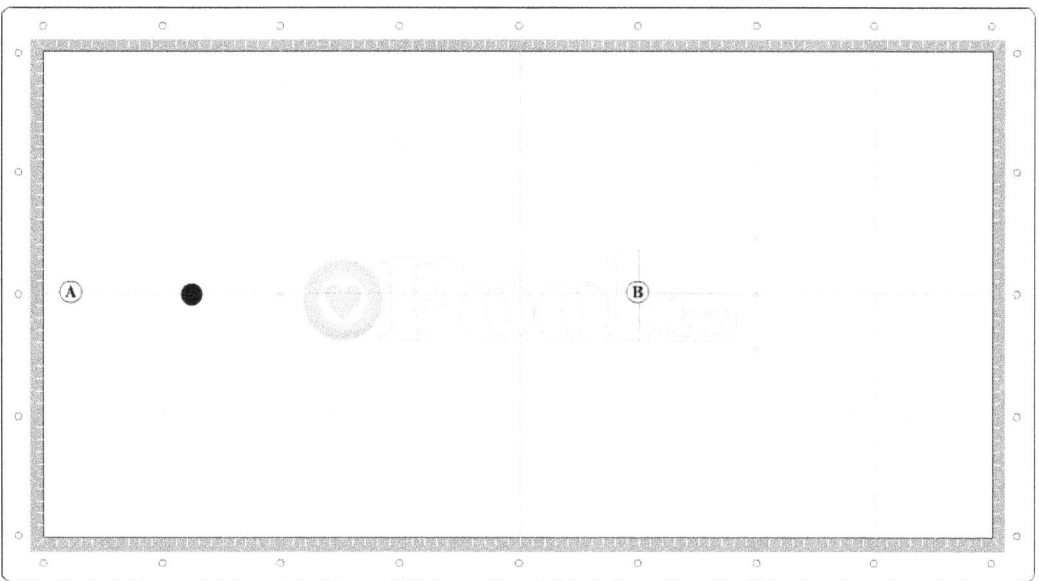

ANMÄRKNINGAR:

Grupp 5, set 6

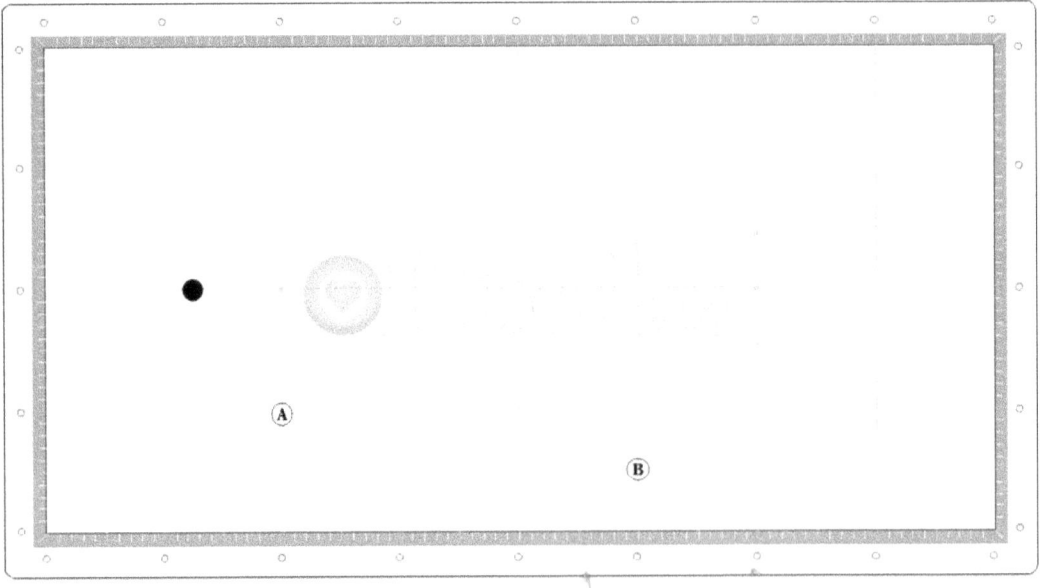

ANMÄRKNINGAR:

Carambole biljard: Fler gåtor och pussel

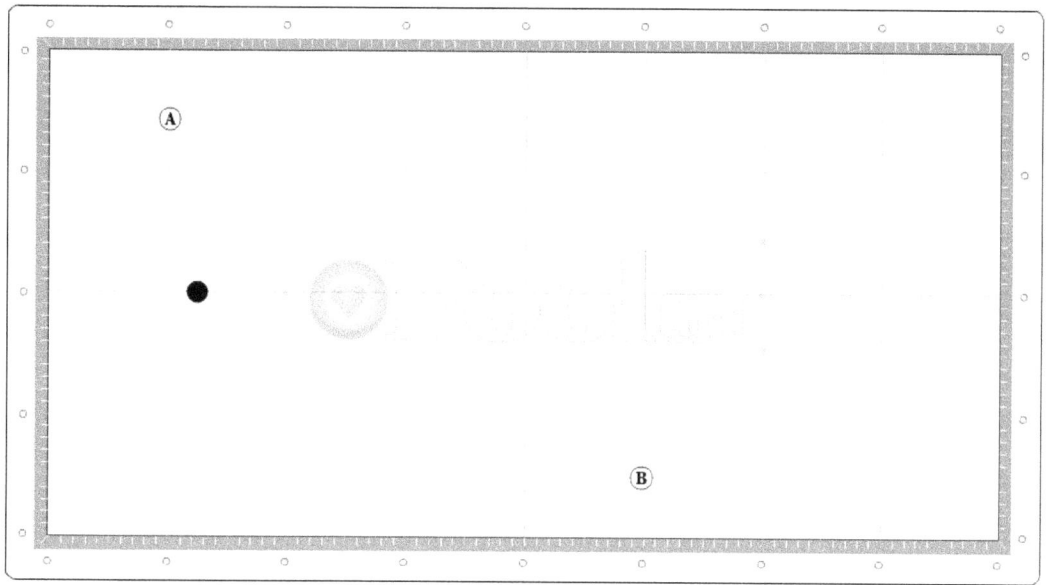

ANMÄRKNINGAR:

Grupp 5, set 7

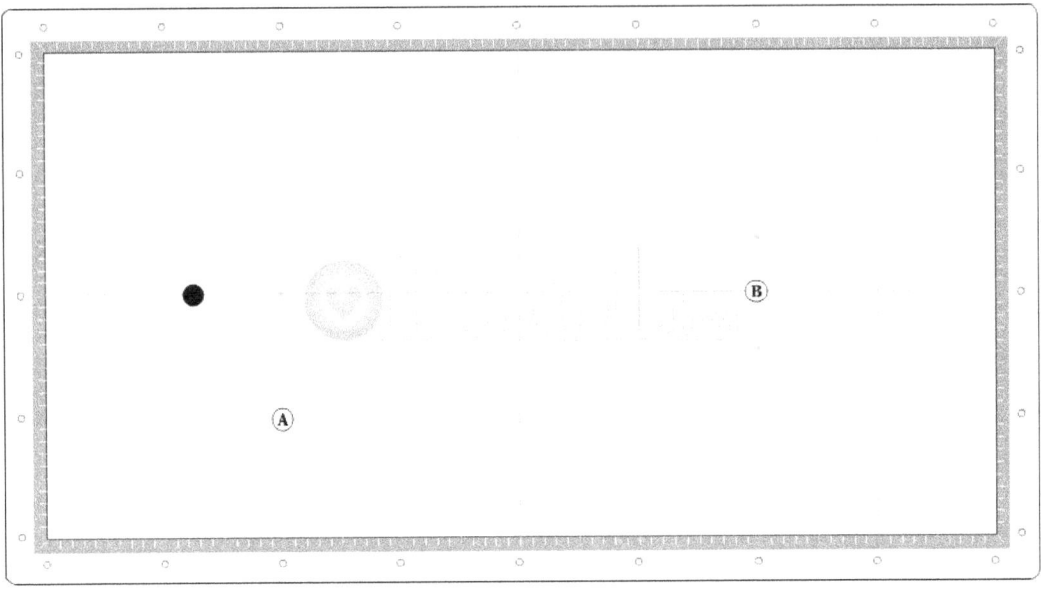

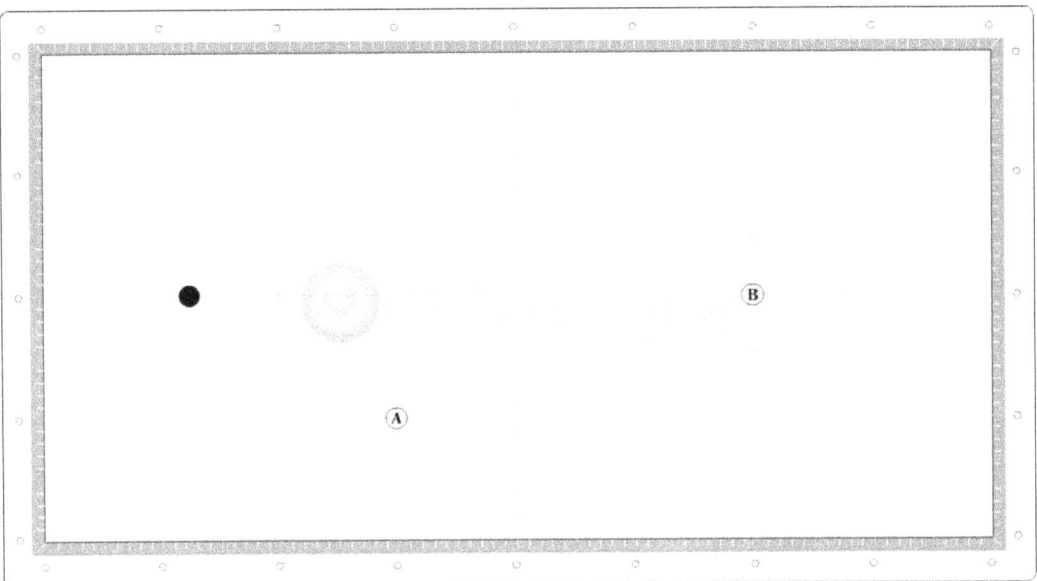

ANMÄRKNINGAR:

Carambole biljard: Fler gåtor och pussel

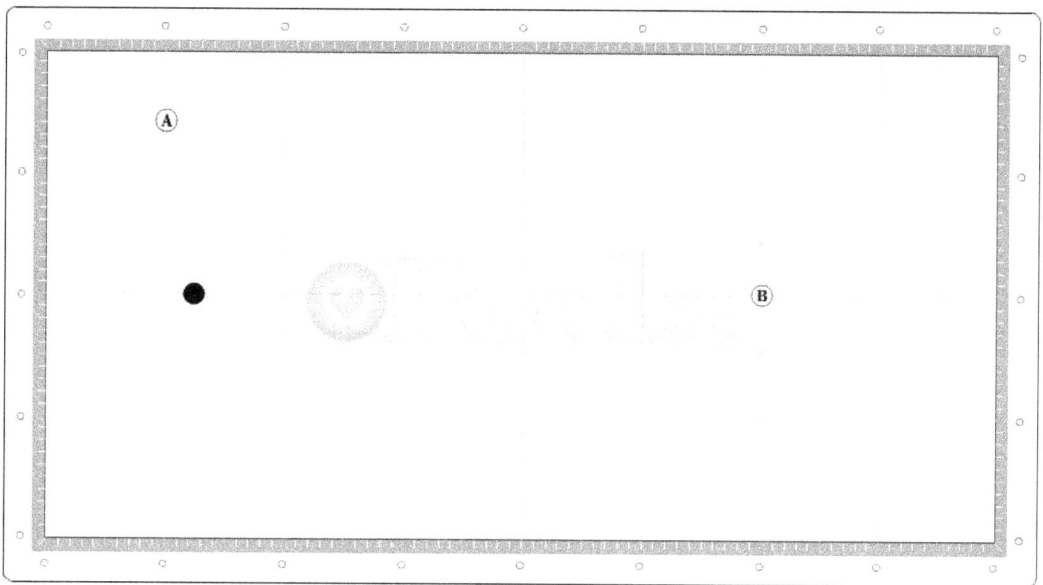

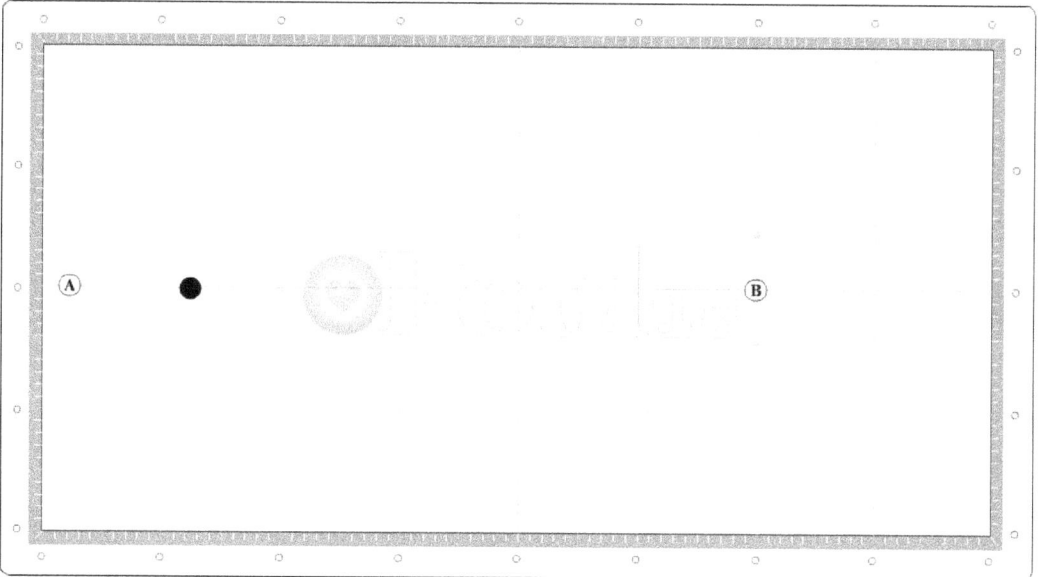

ANMÄRKNINGAR:

Grupp 5, set 8

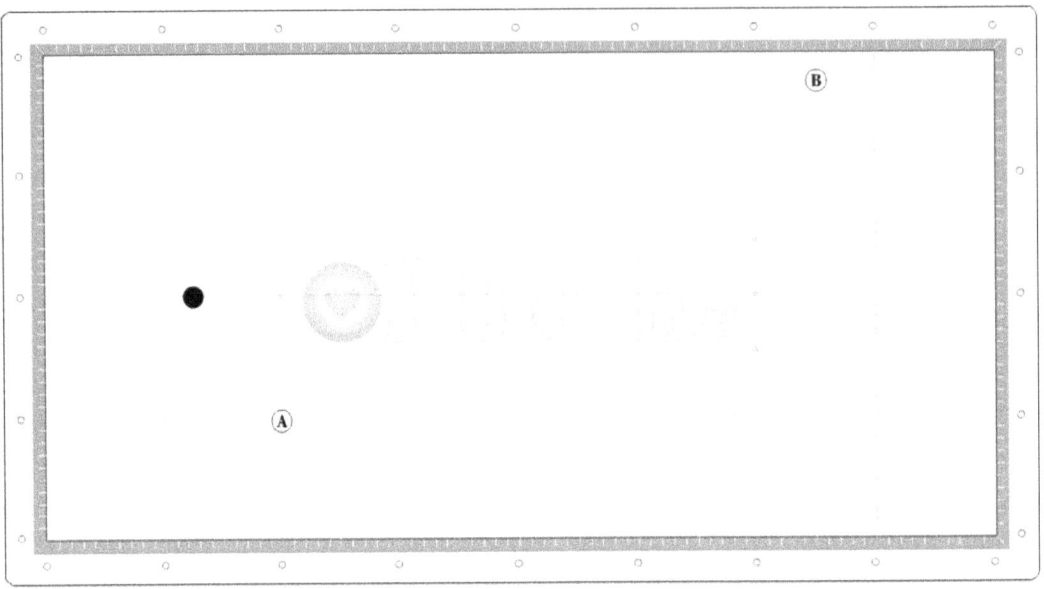

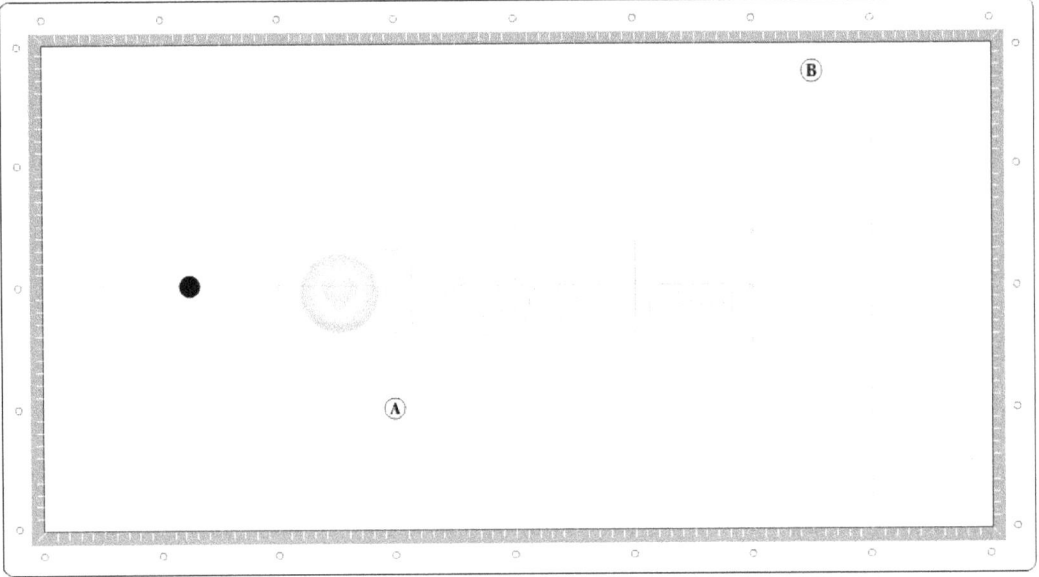

ANMÄRKNINGAR:

Carambole biljard: Fler gåtor och pussel

ANMÄRKNINGAR:

Grupp 5, set 9

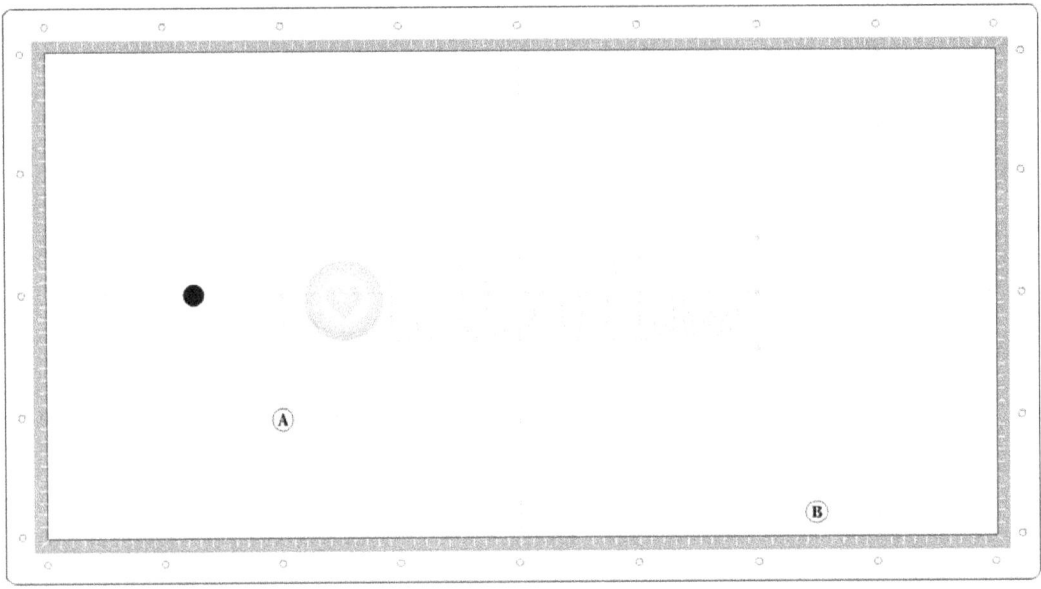

ANMÄRKNINGAR:

Carambole biljard: Fler gåtor och pussel

ANMÄRKNINGAR:

Grupp 5, set 10

ANMÄRKNINGAR:

Carambole biljard: Fler gåtor och pussel

ANMÄRKNINGAR:

Grupp 5, set 11

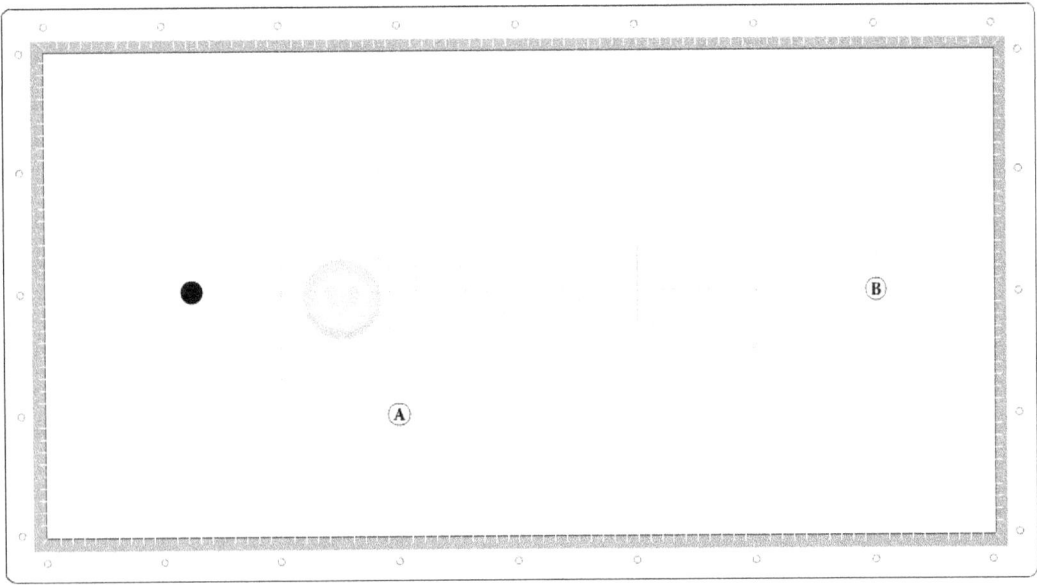

ANMÄRKNINGAR:

Carambole biljard: Fler gåtor och pussel

(På framsidan av den här boken finns det 4 provlösningar av denna layout.)

ANMÄRKNINGAR:

Grupp 5, set 12

ANMÄRKNINGAR:

ANMÄRKNINGAR:

GRUPP 6

Grupp 6, set 1

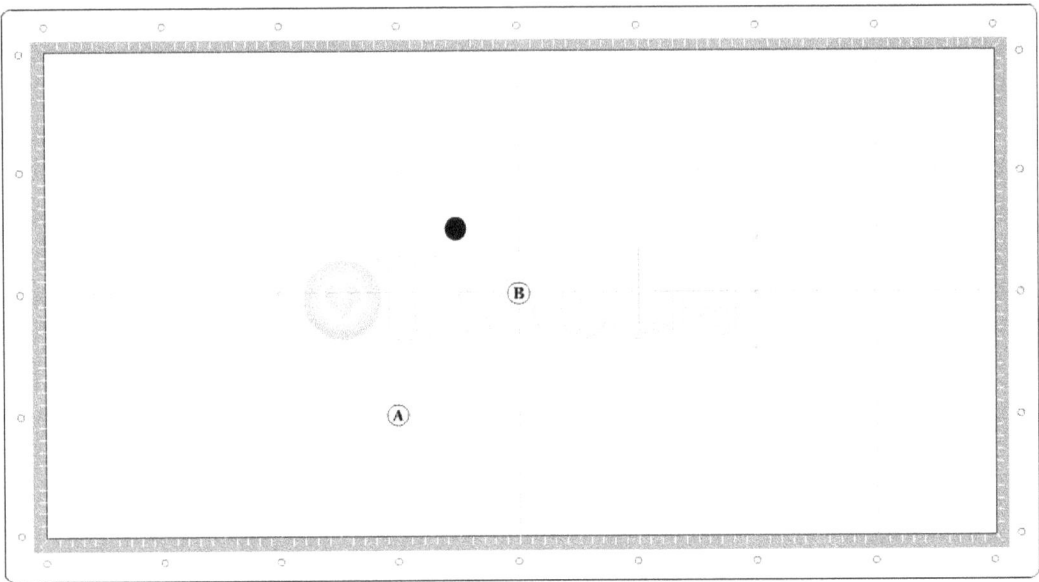

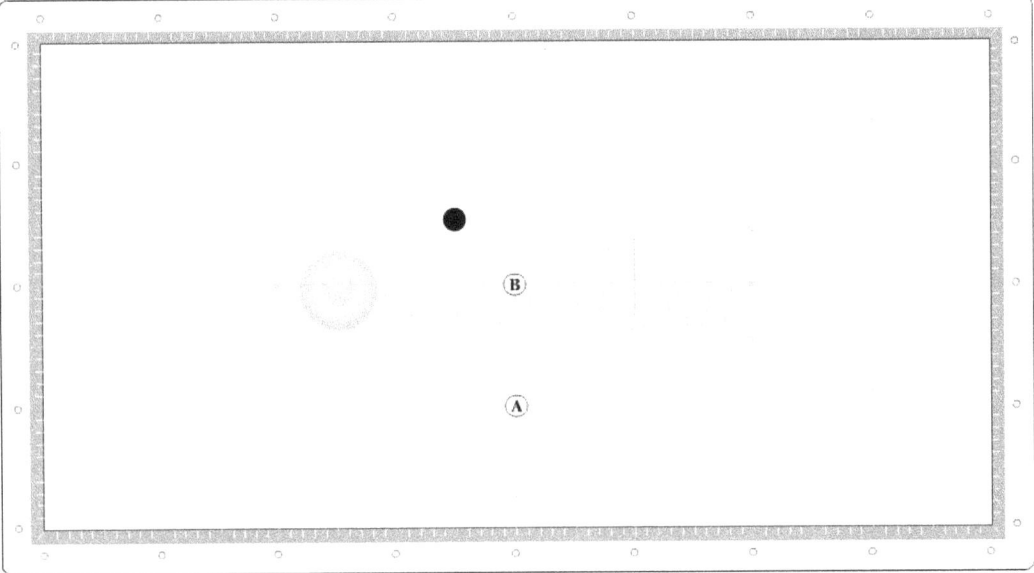

ANMÄRKNINGAR:

Carambole biljard: Fler gåtor och pussel

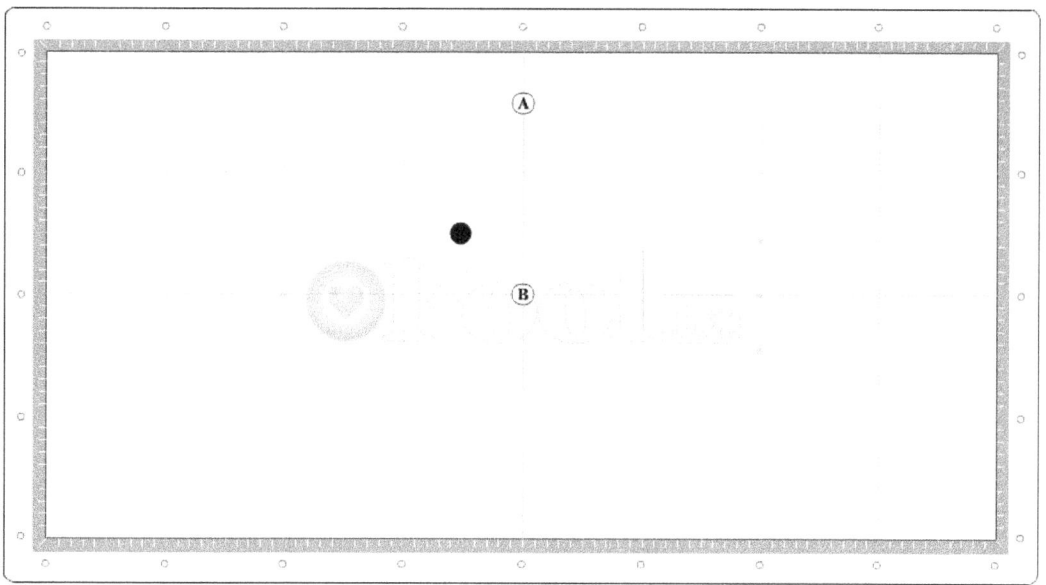

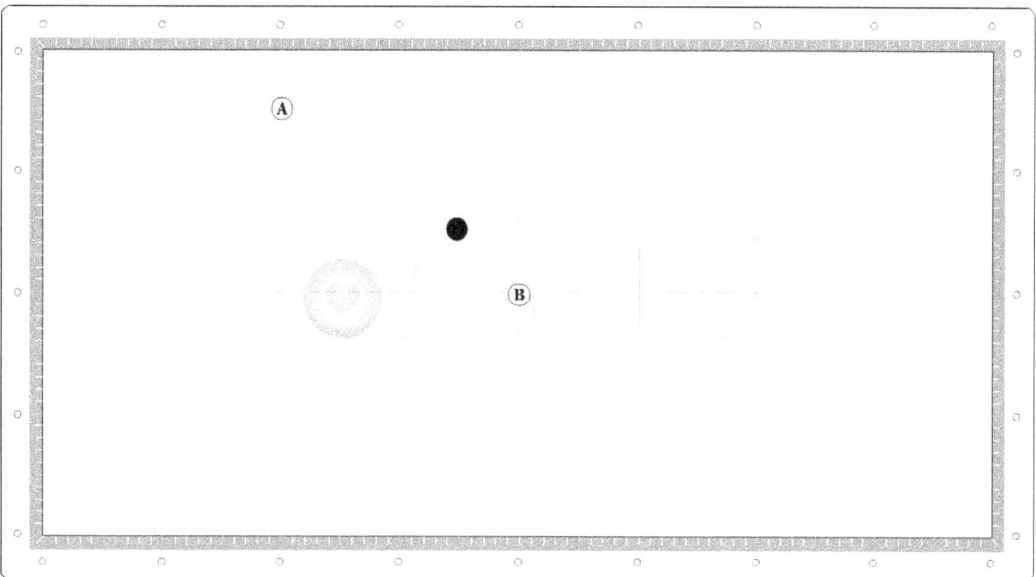

ANMÄRKNINGAR:

Grupp 6, set 2

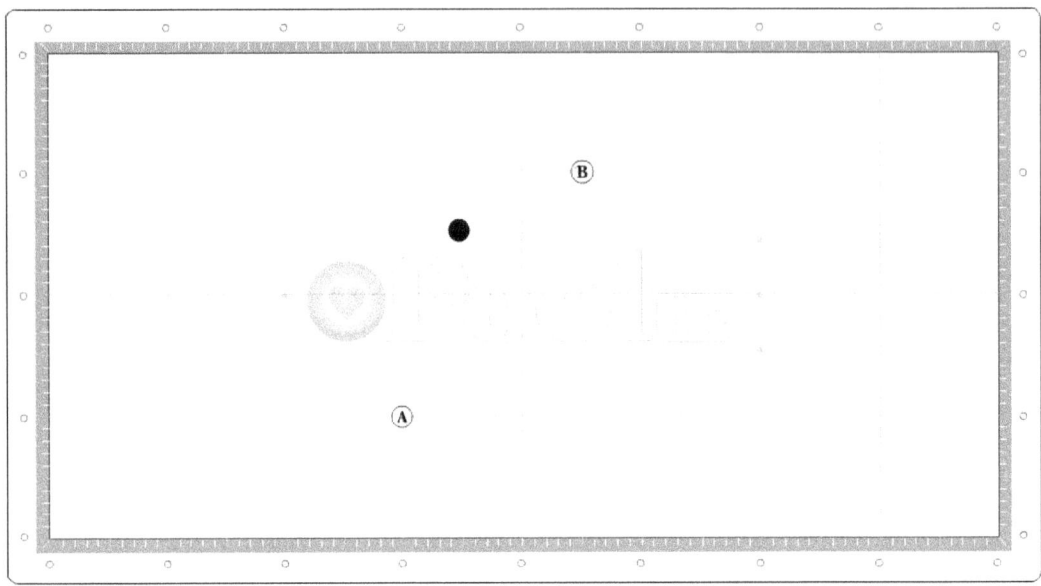

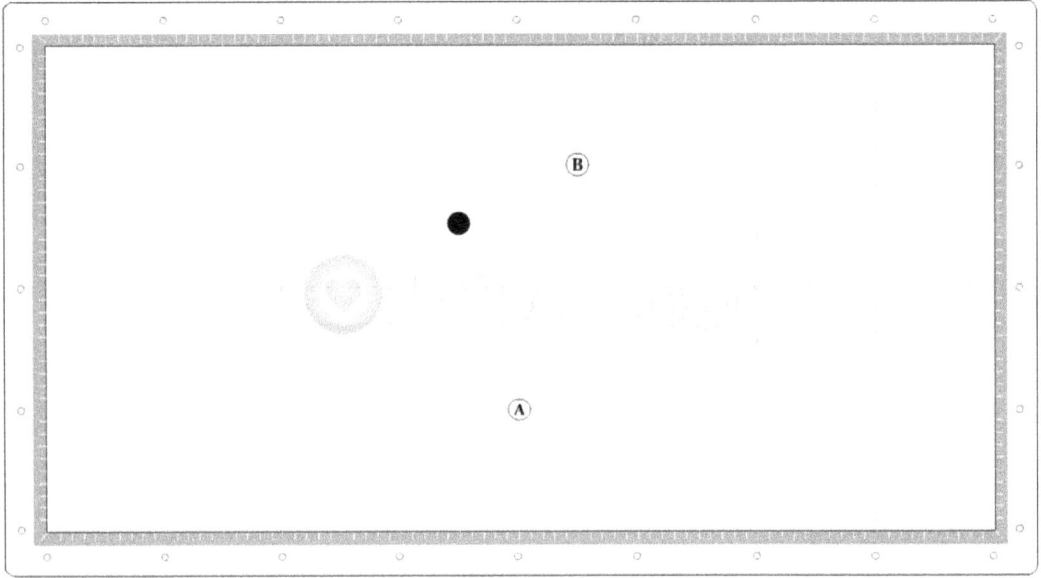

ANMÄRKNINGAR:

Carambole biljard: Fler gåtor och pussel

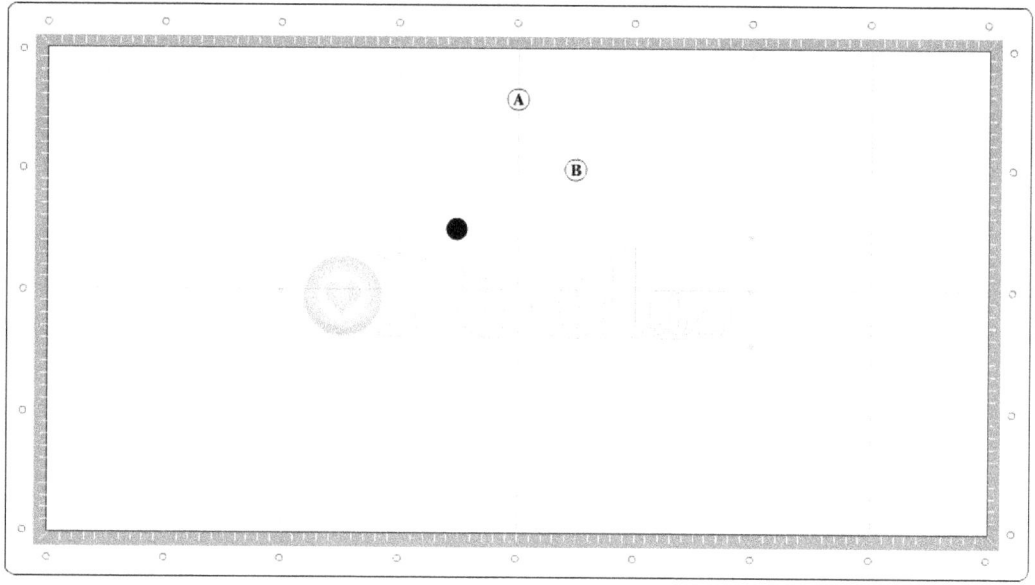

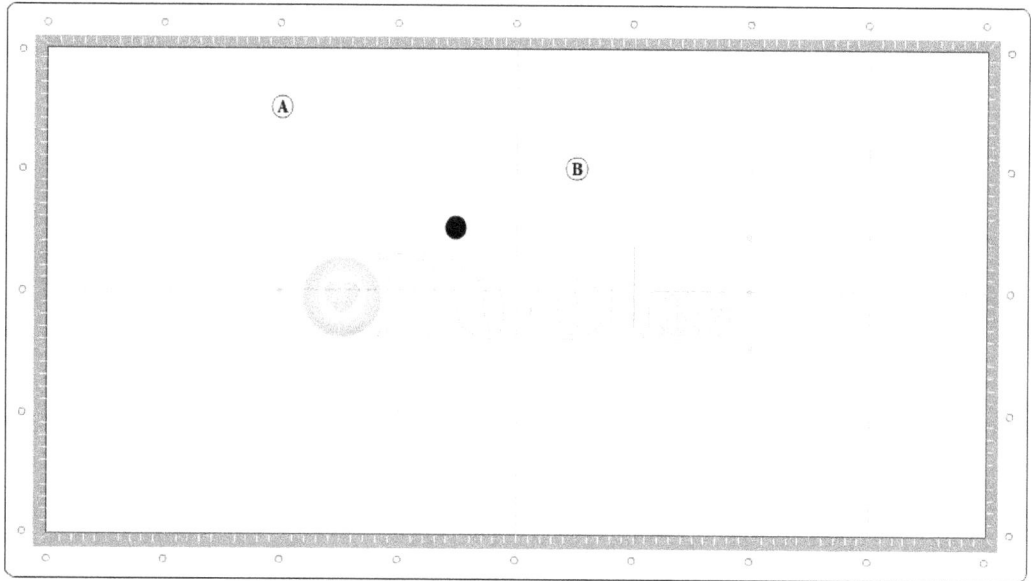

ANMÄRKNINGAR:

Grupp 6, set 3

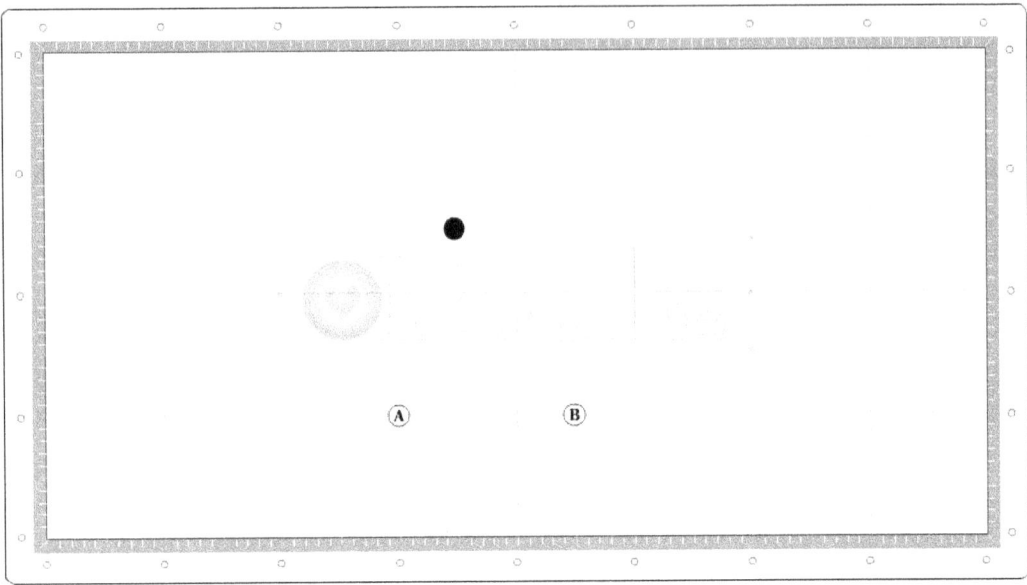

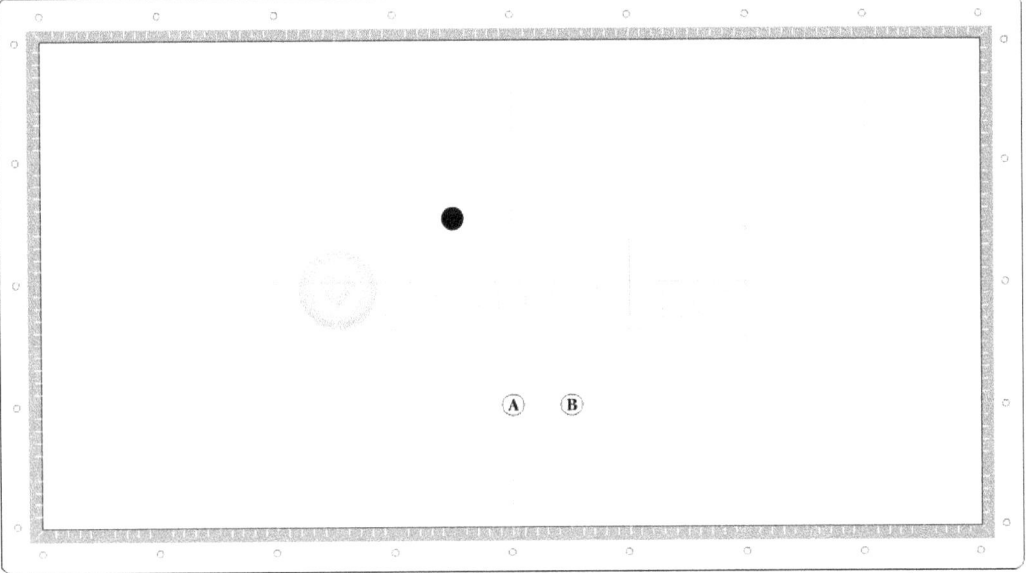

ANMÄRKNINGAR:

Carambole biljard: Fler gåtor och pussel

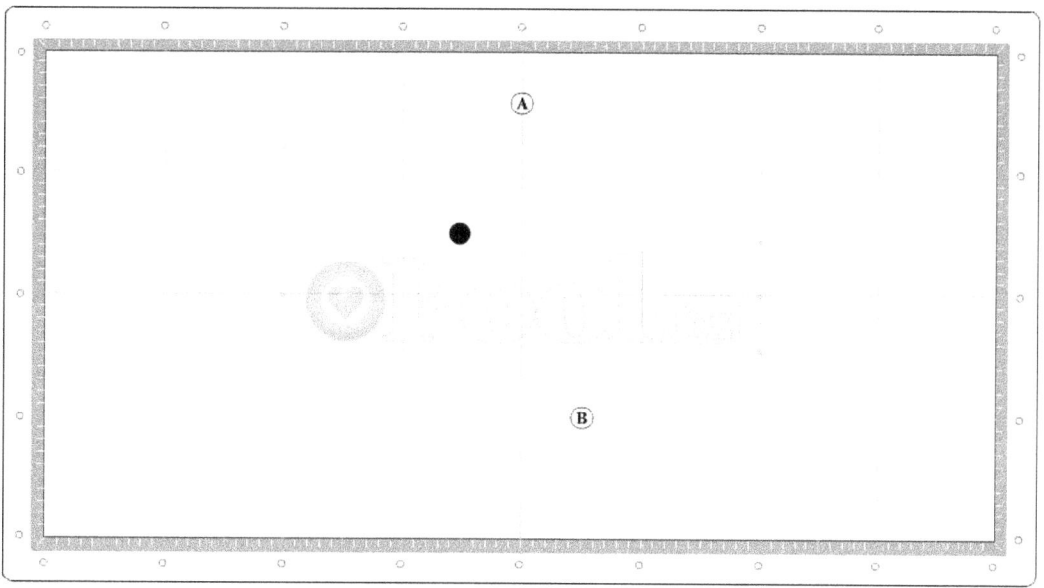

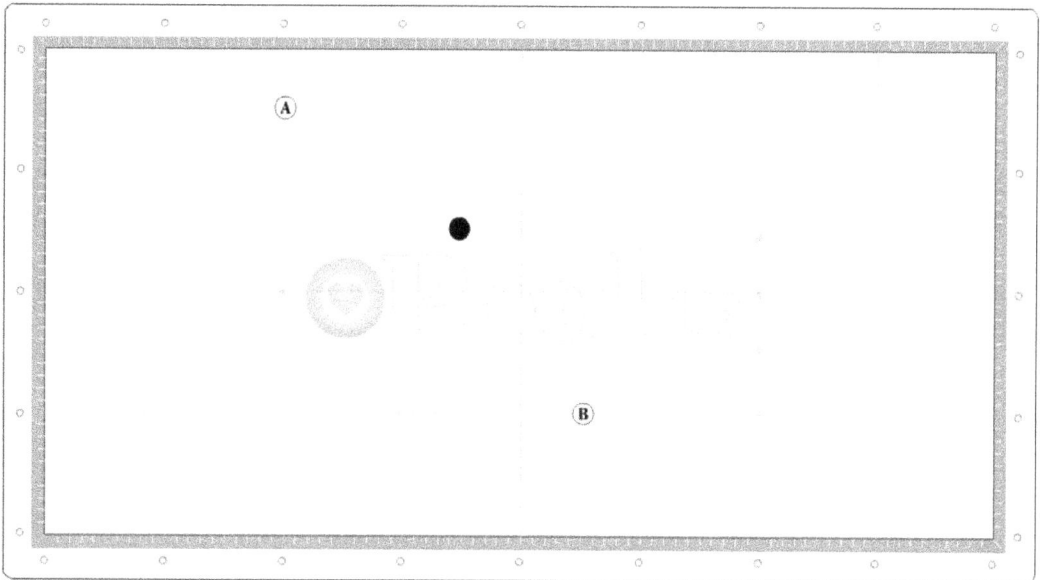

ANMÄRKNINGAR:

Grupp 6, set 4

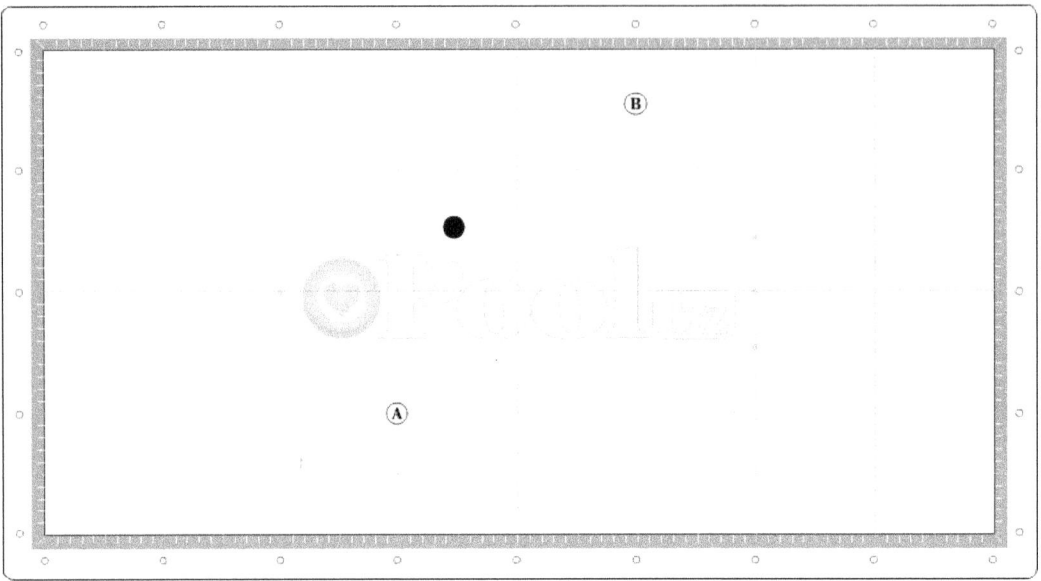

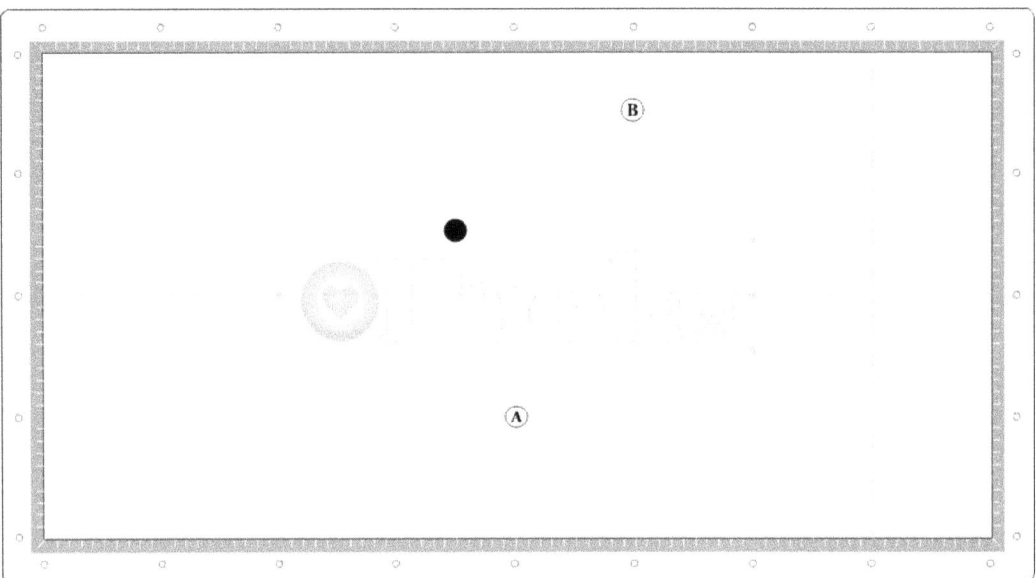

ANMÄRKNINGAR:

Carambole biljard: Fler gåtor och pussel

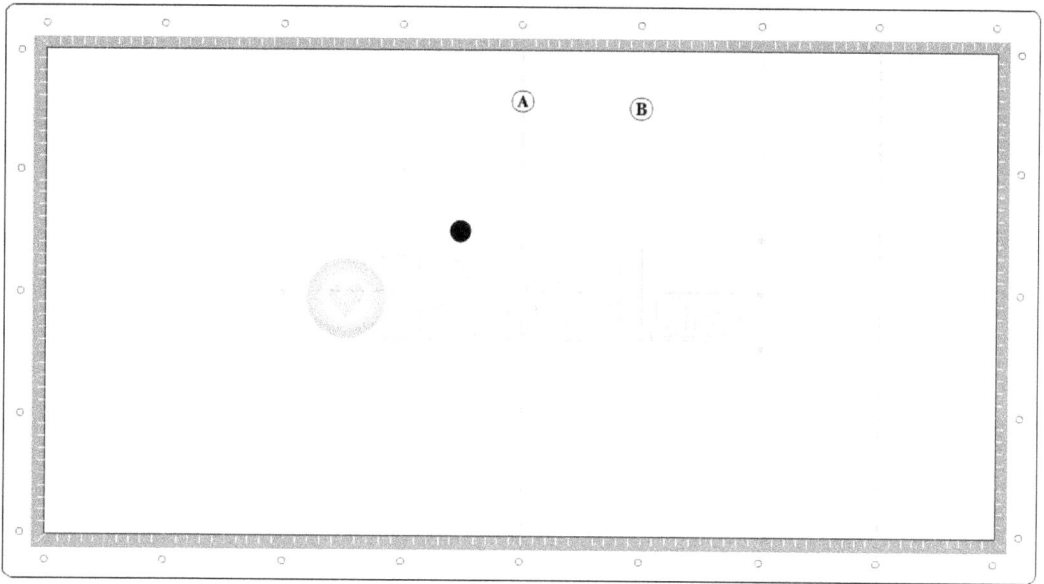

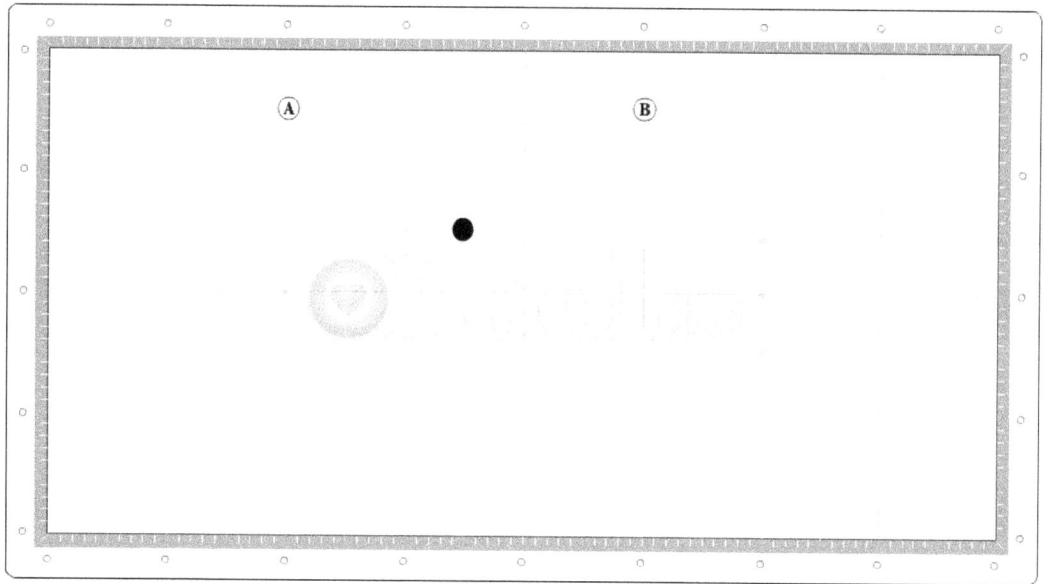

ANMÄRKNINGAR:

Grupp 6, set 5

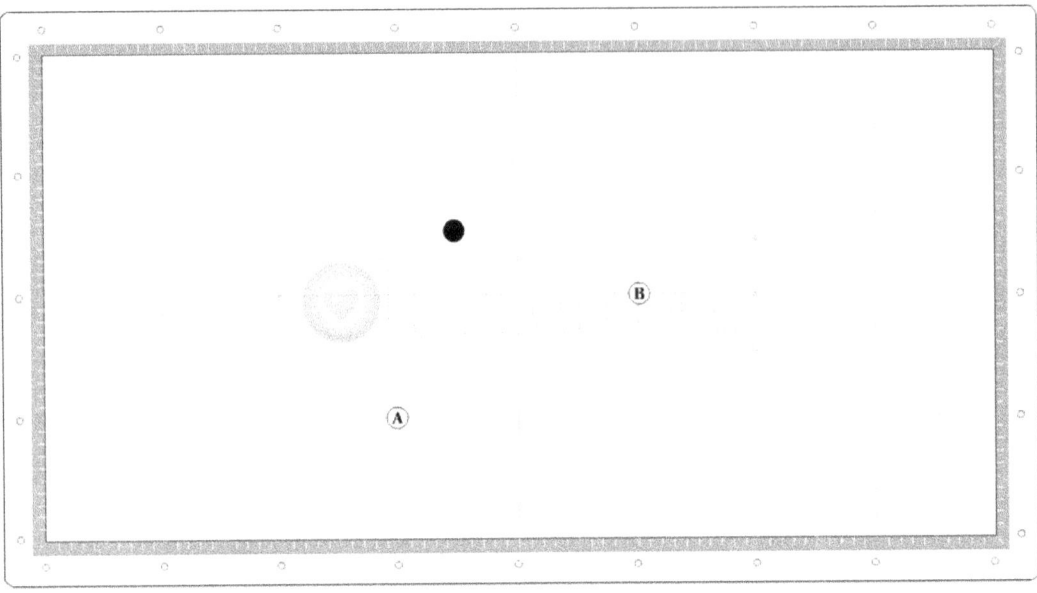

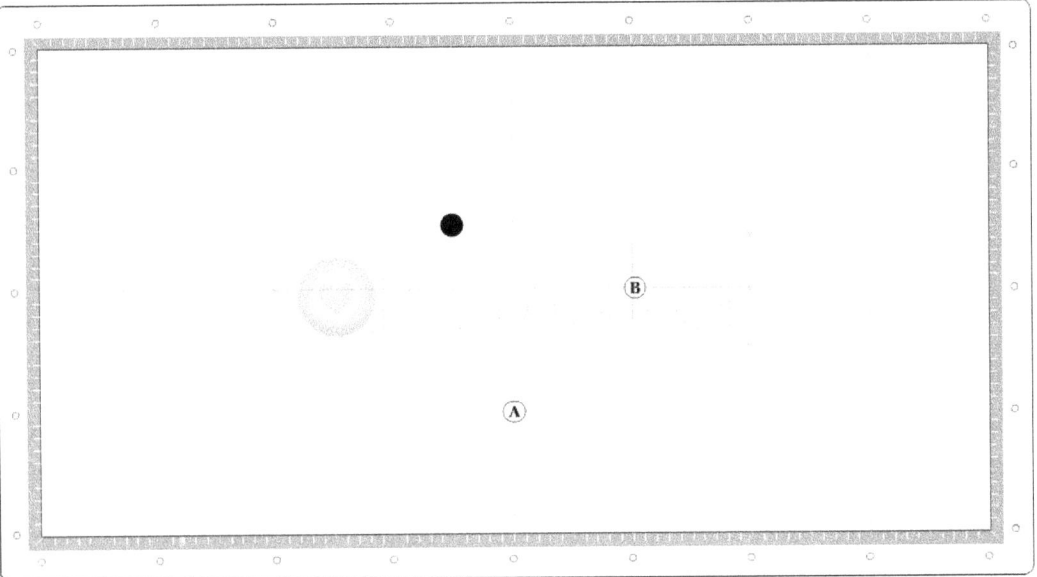

ANMÄRKNINGAR:

Carambole biljard: Fler gåtor och pussel

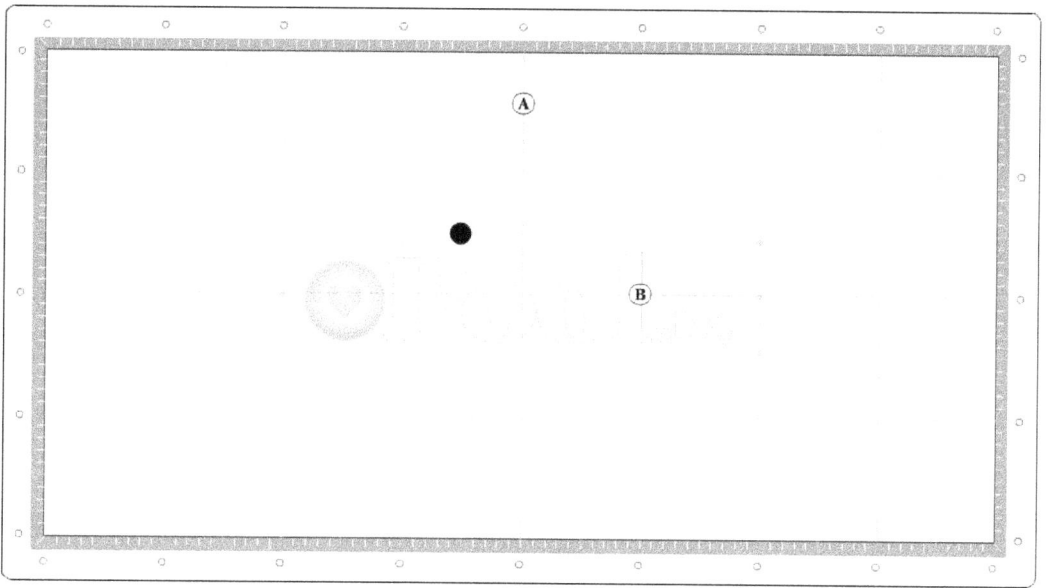

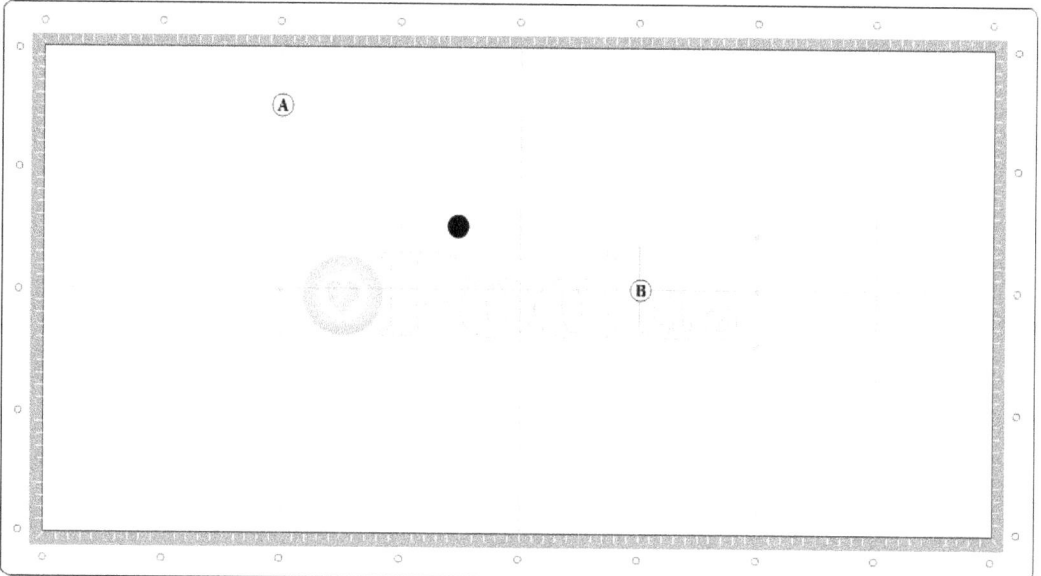

ANMÄRKNINGAR:

Grupp 6, set 6

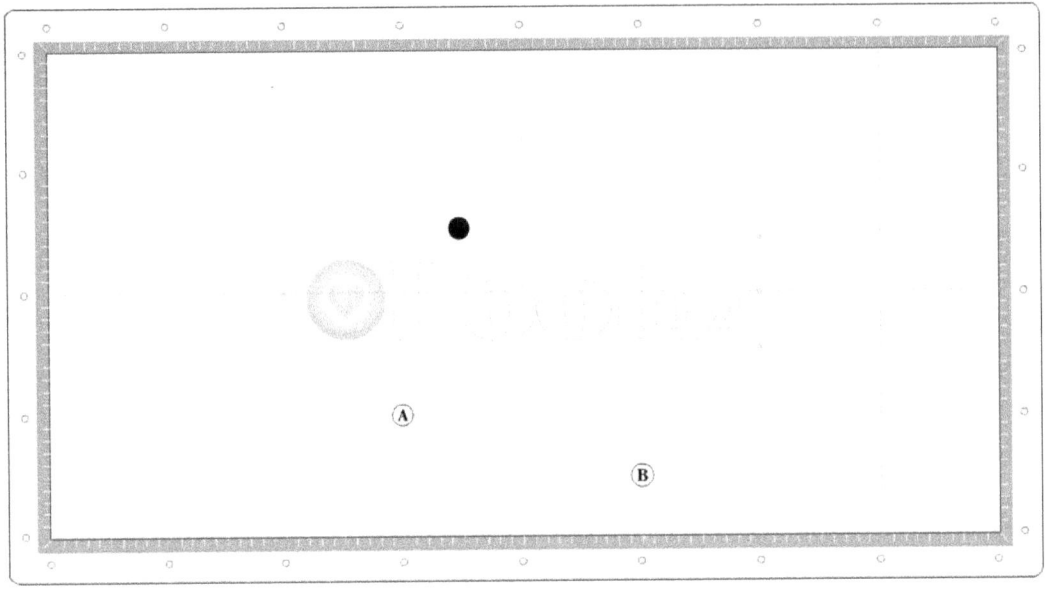

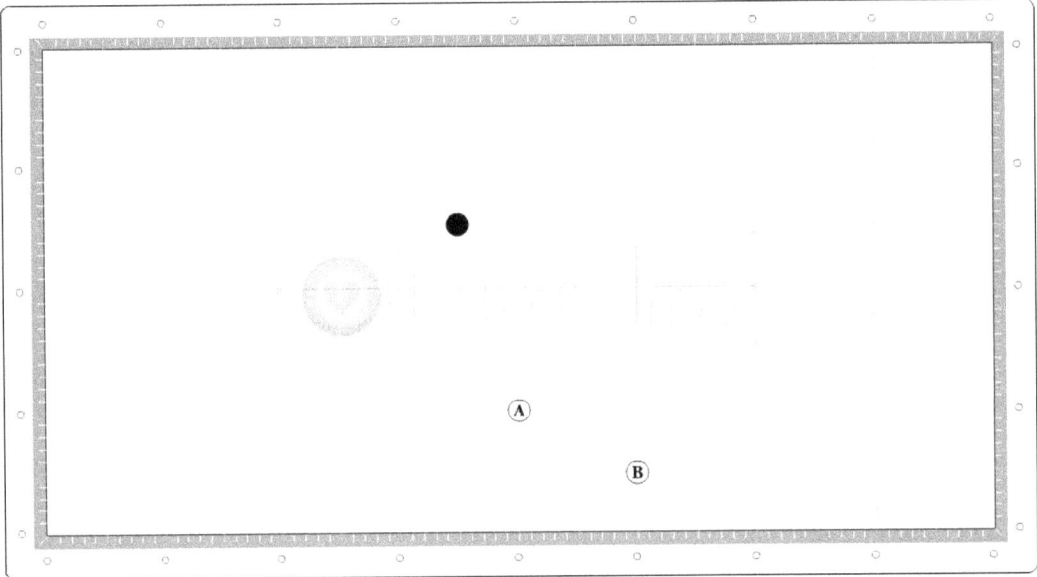

ANMÄRKNINGAR:

Carambole biljard: Fler gåtor och pussel

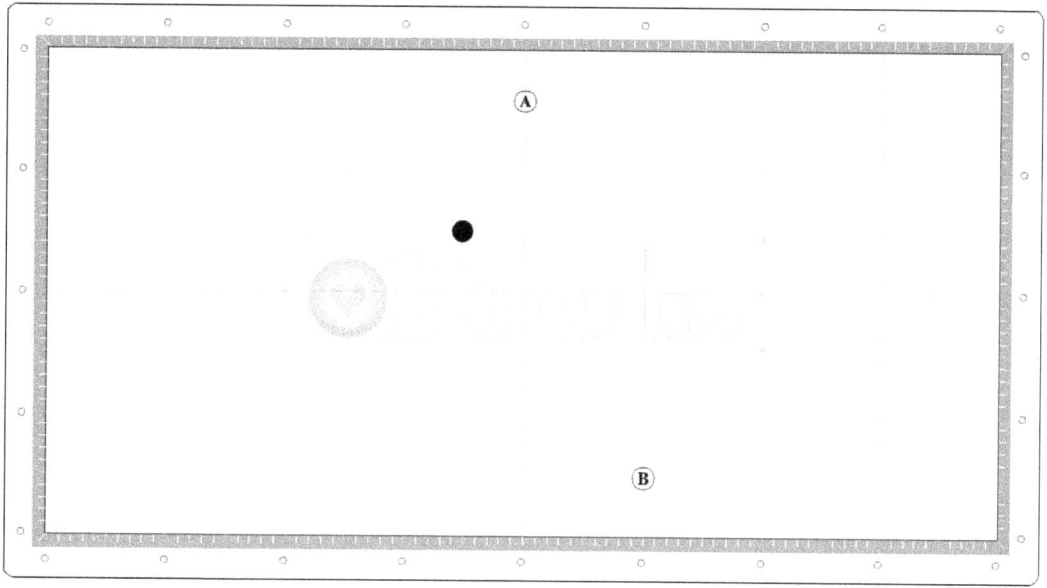

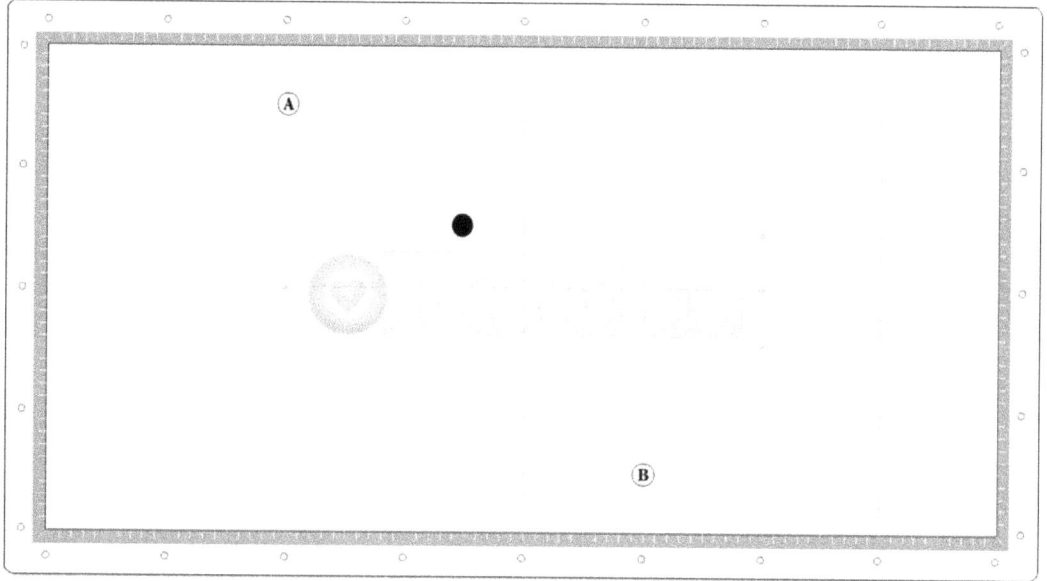

ANMÄRKNINGAR:

Grupp 6, set 7

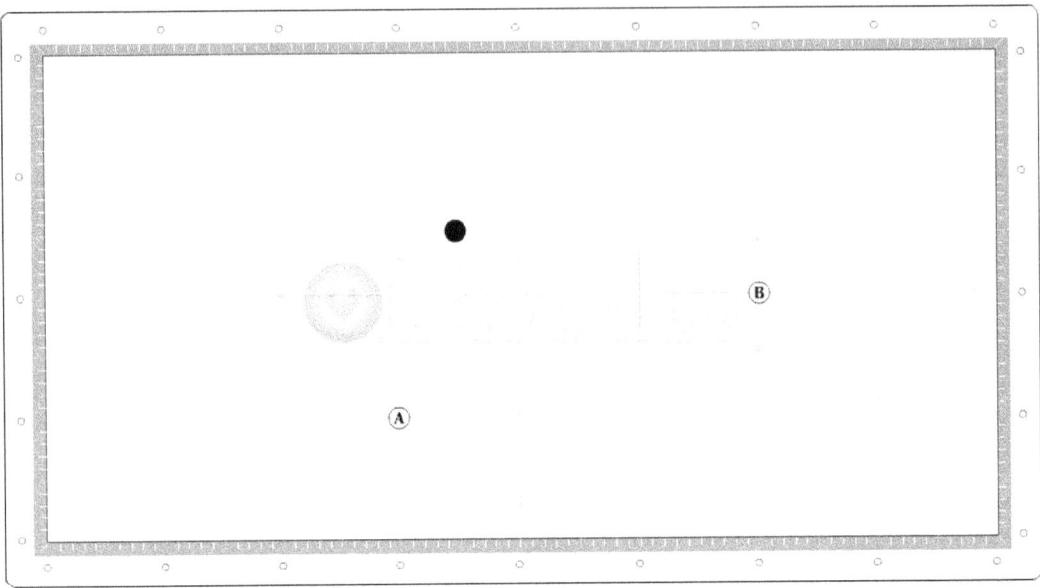

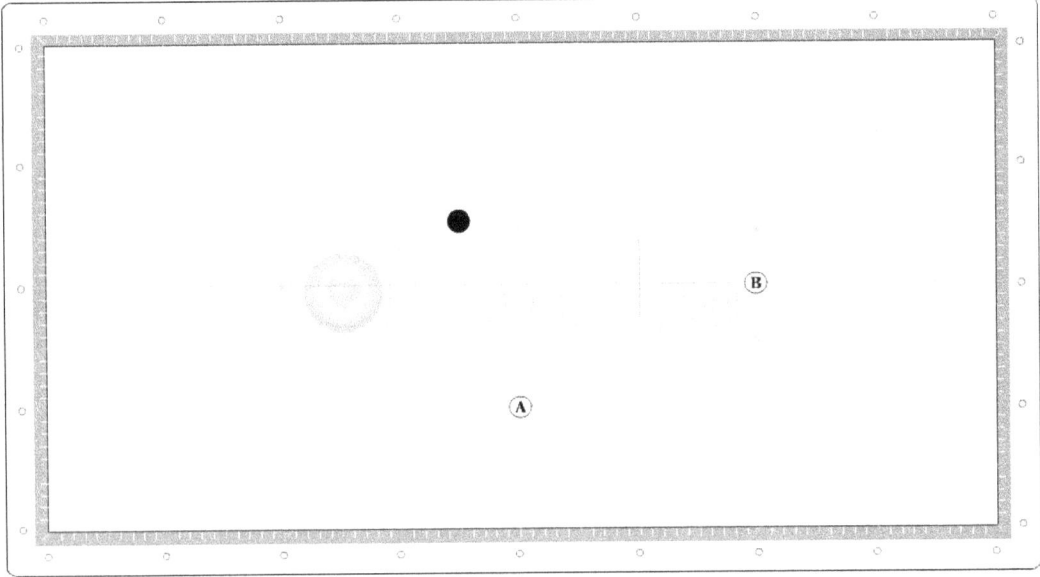

ANMÄRKNINGAR:

Carambole biljard: Fler gåtor och pussel

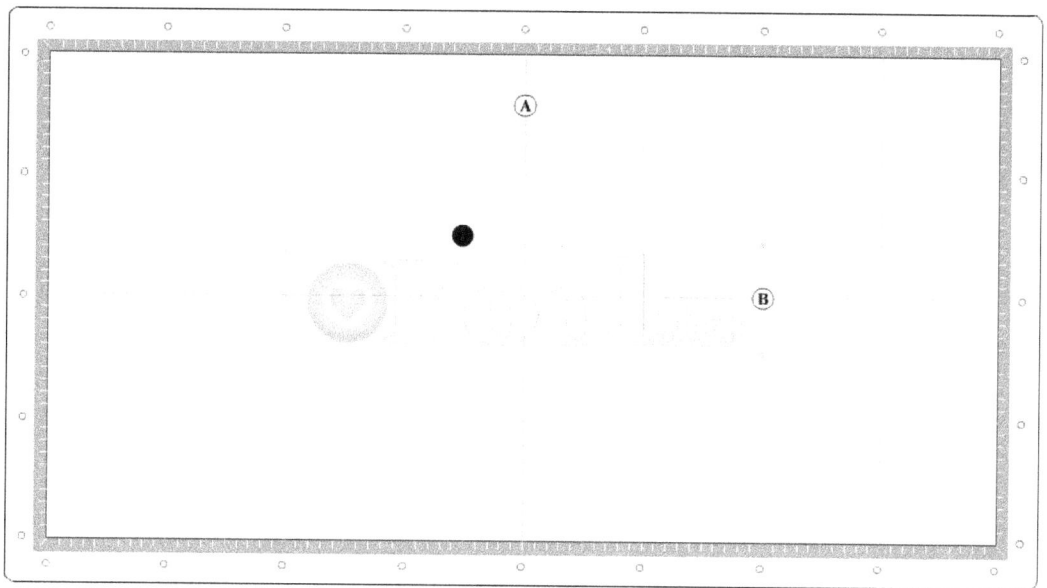

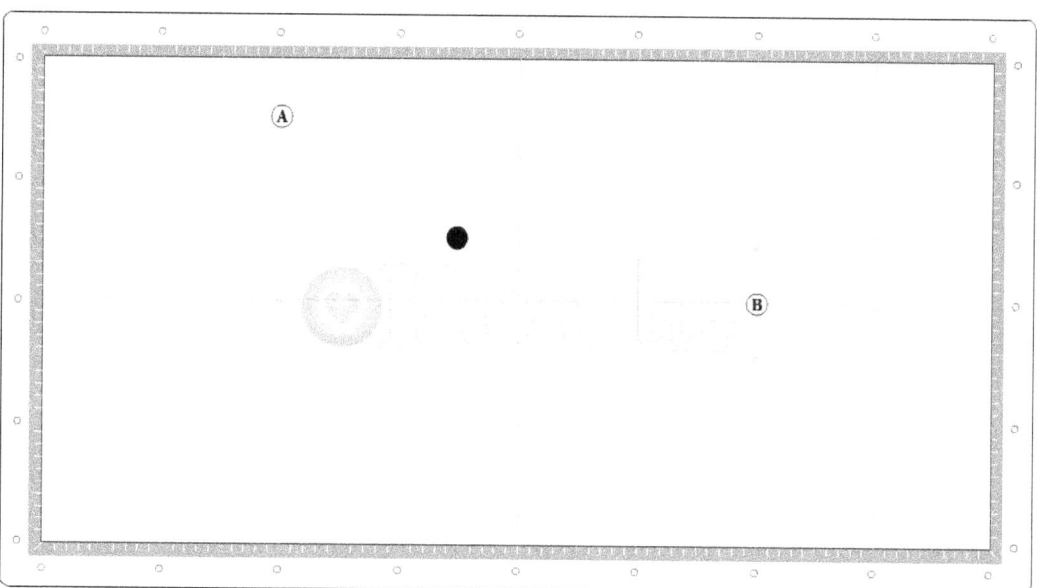

ANMÄRKNINGAR:

Grupp 6, set 8

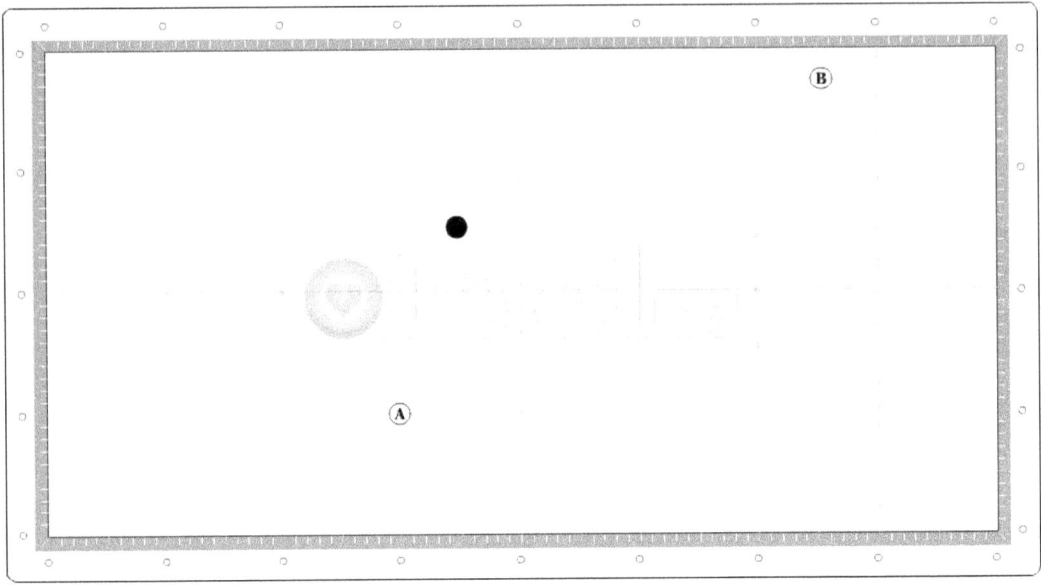

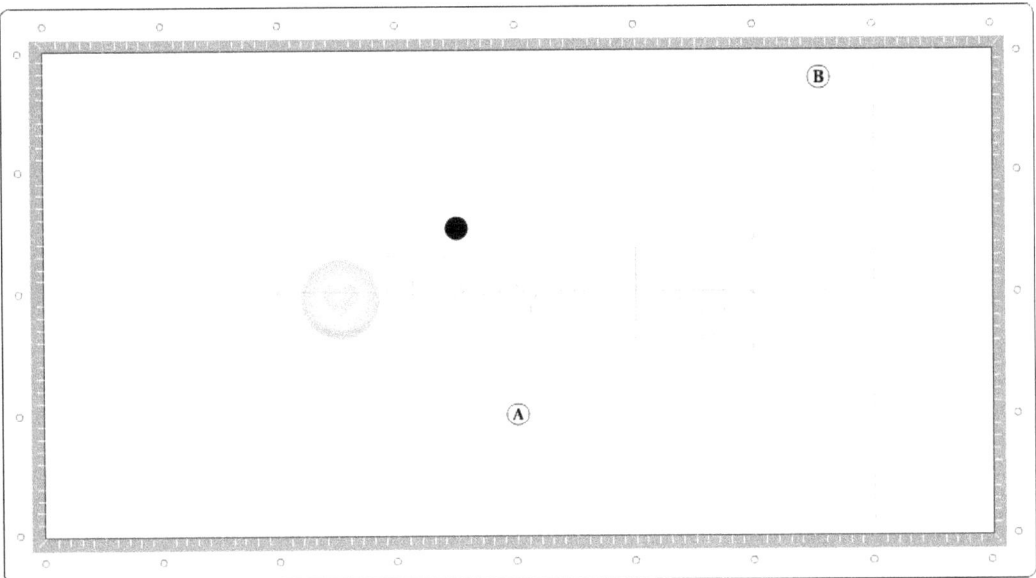

ANMÄRKNINGAR:

Carambole biljard: Fler gåtor och pussel

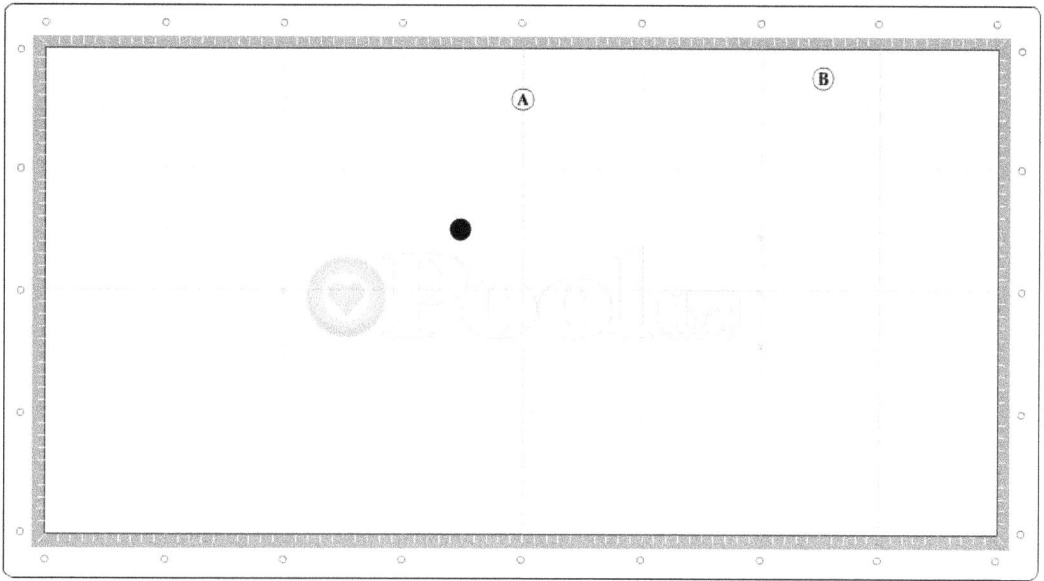

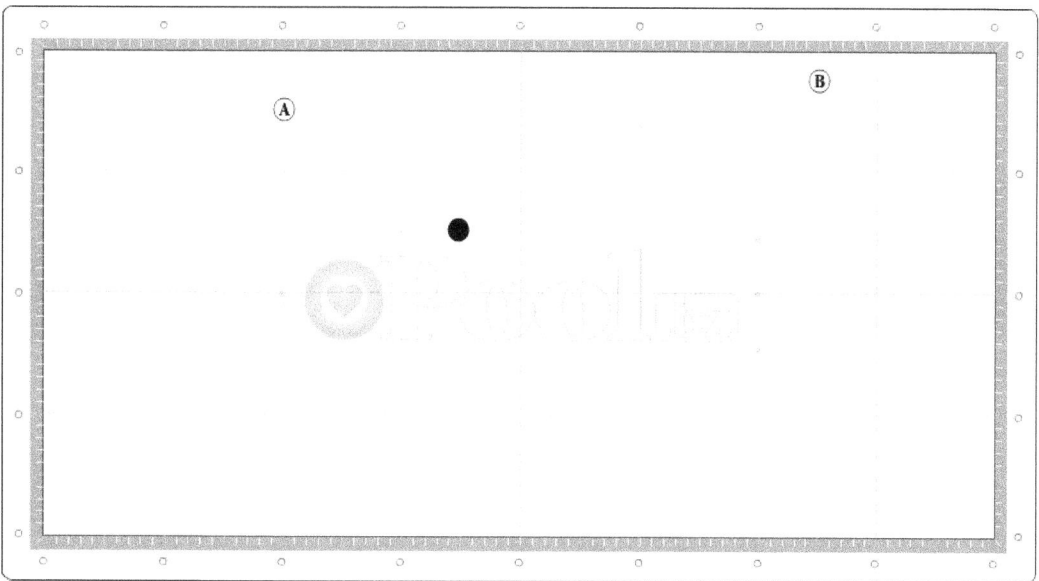

ANMÄRKNINGAR:

Grupp 6, set 9

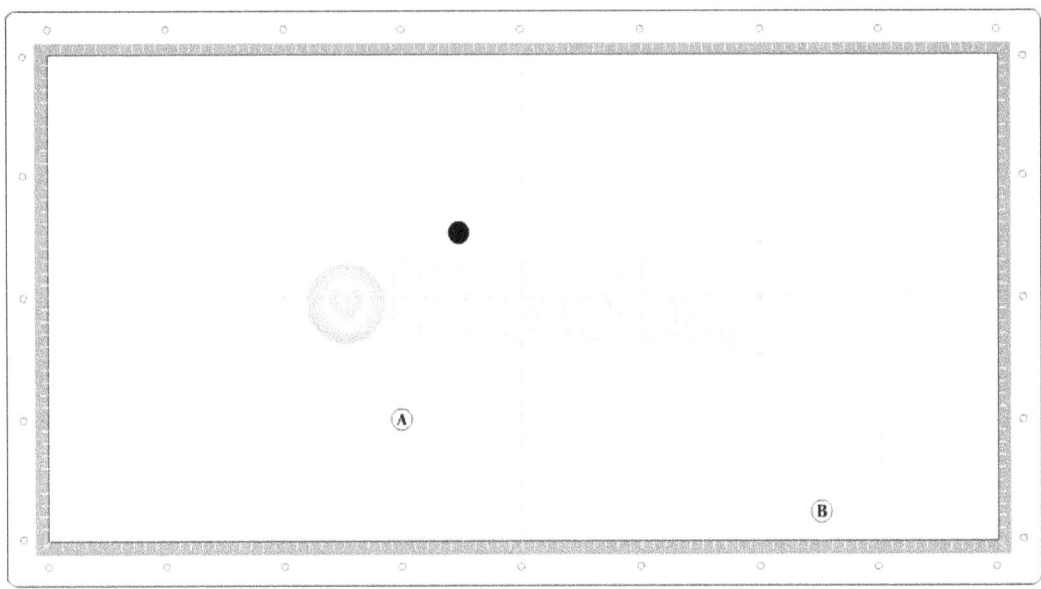

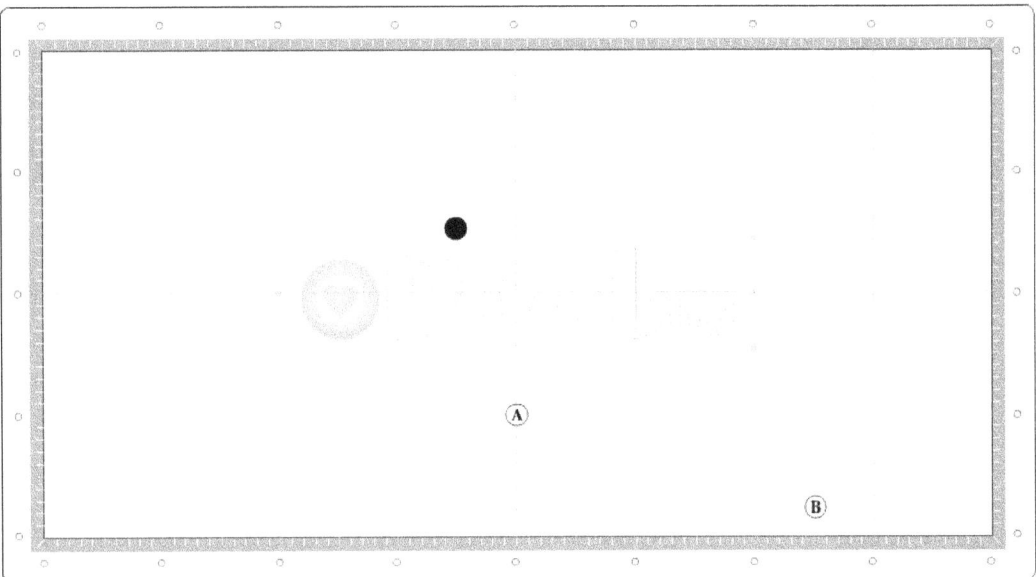

ANMÄRKNINGAR:

Carambole biljard: Fler gåtor och pussel

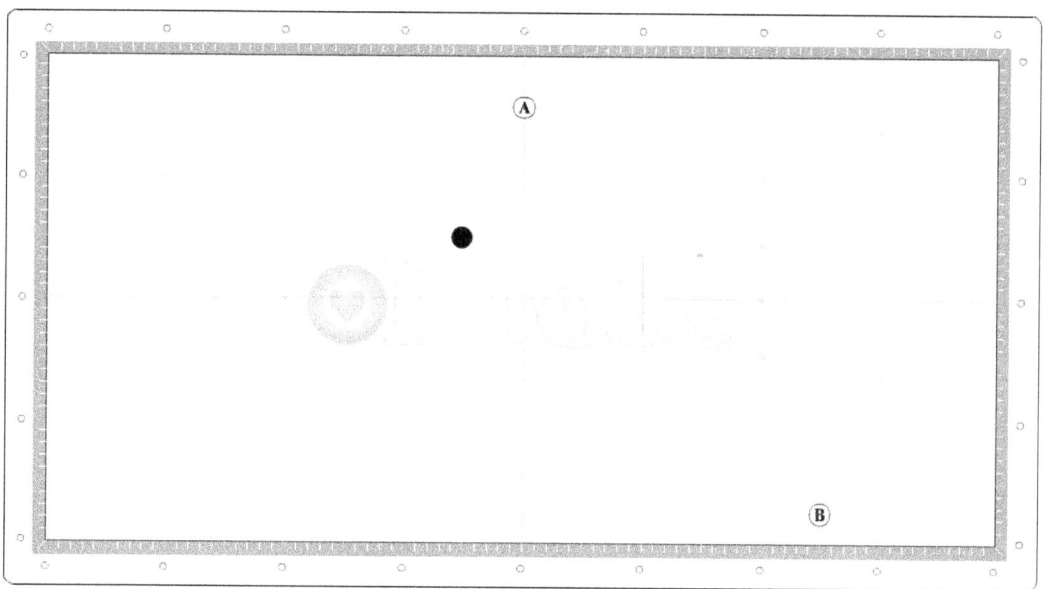

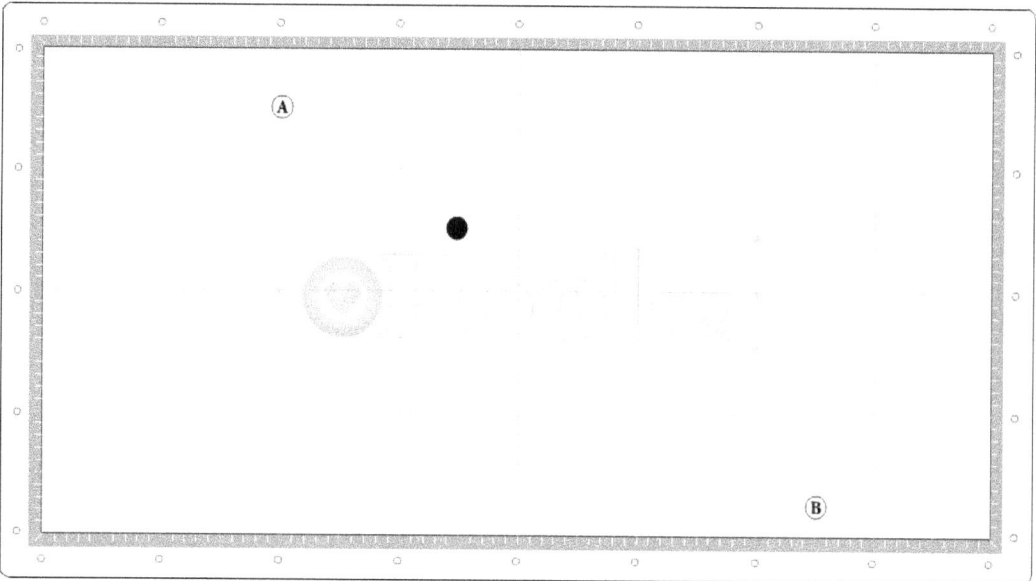

ANMÄRKNINGAR:

Grupp 6, set 10

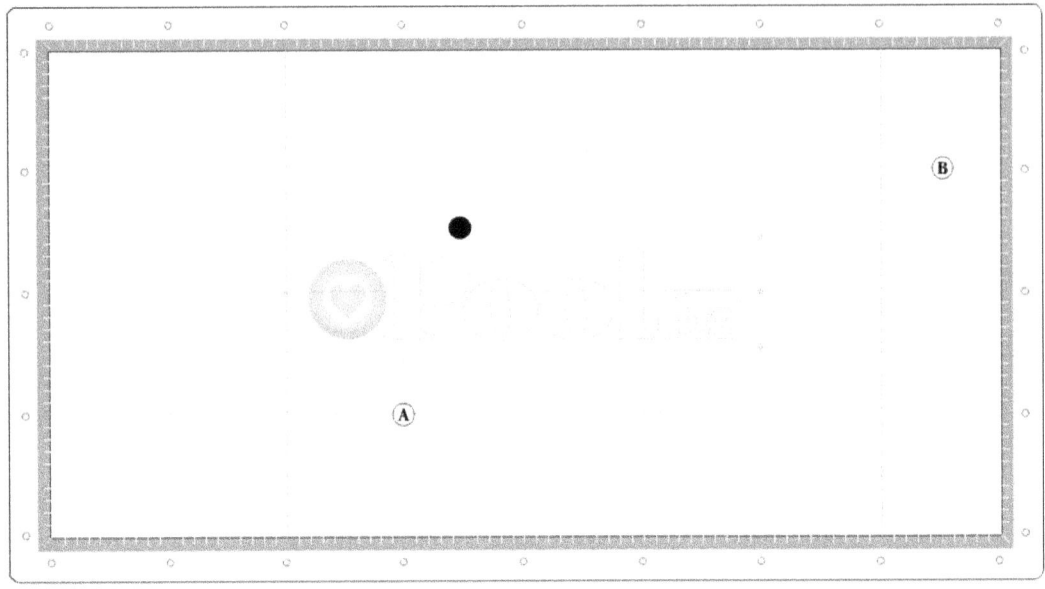

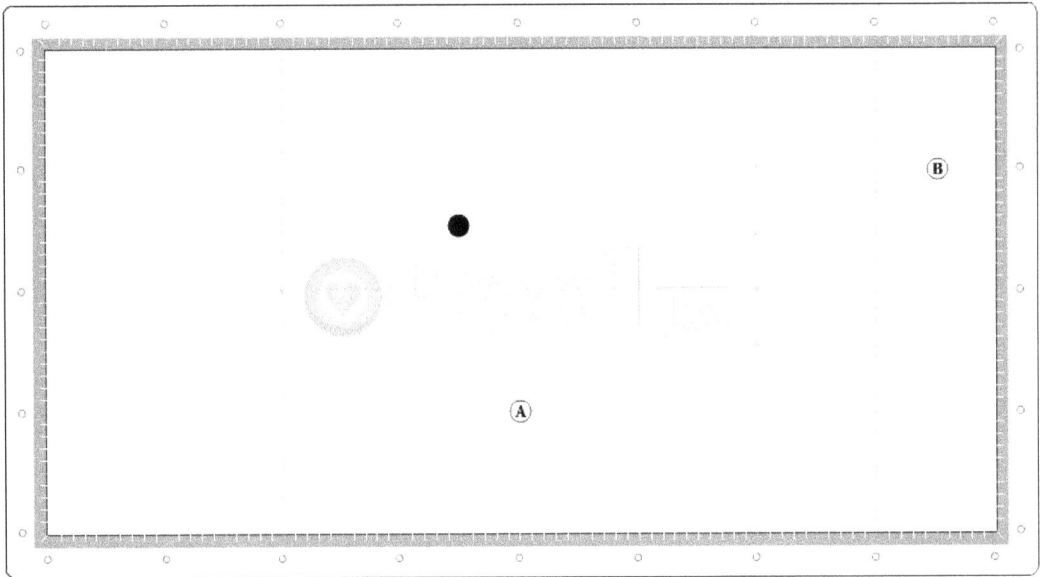

ANMÄRKNINGAR:

Carambole biljard: Fler gåtor och pussel

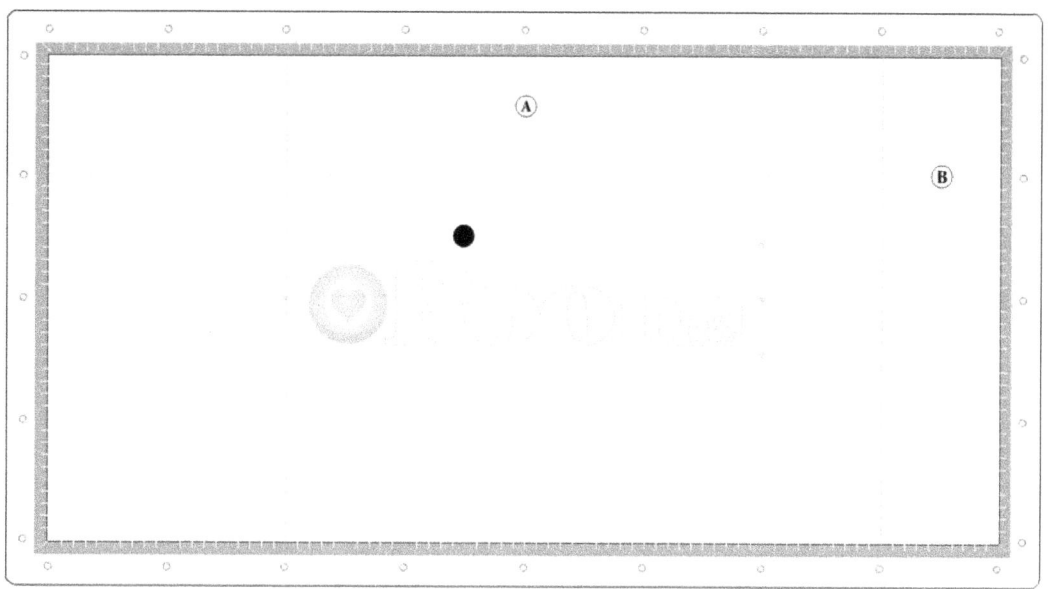

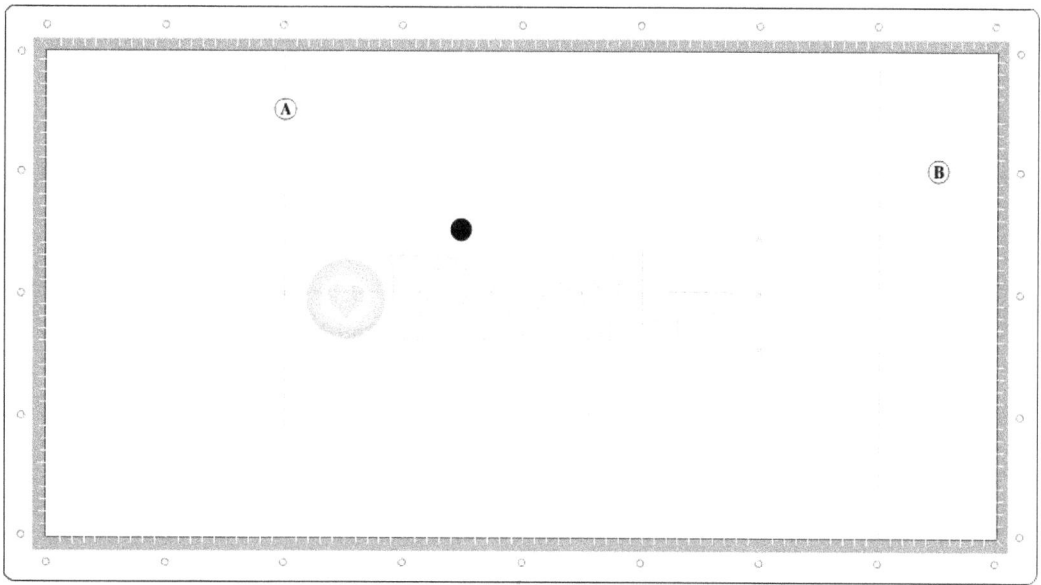

ANMÄRKNINGAR:

Grupp 6, set 11

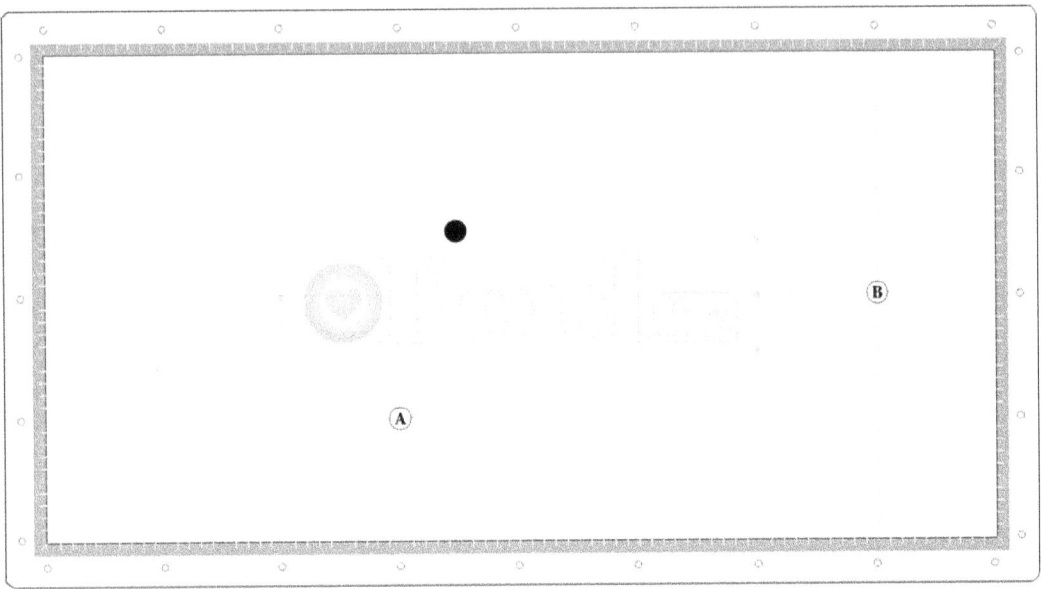

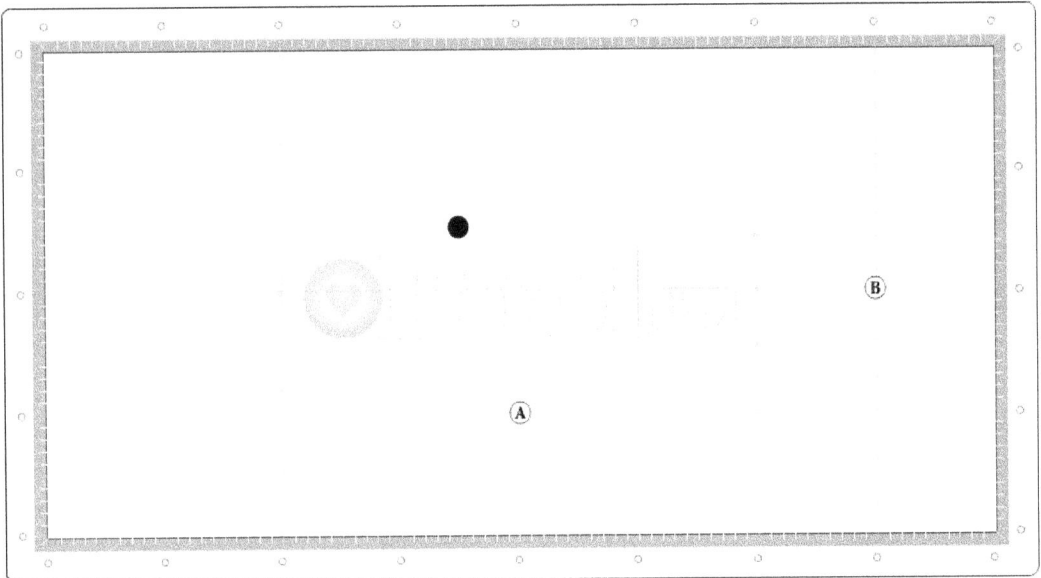

ANMÄRKNINGAR:

Carambole biljard: Fler gåtor och pussel

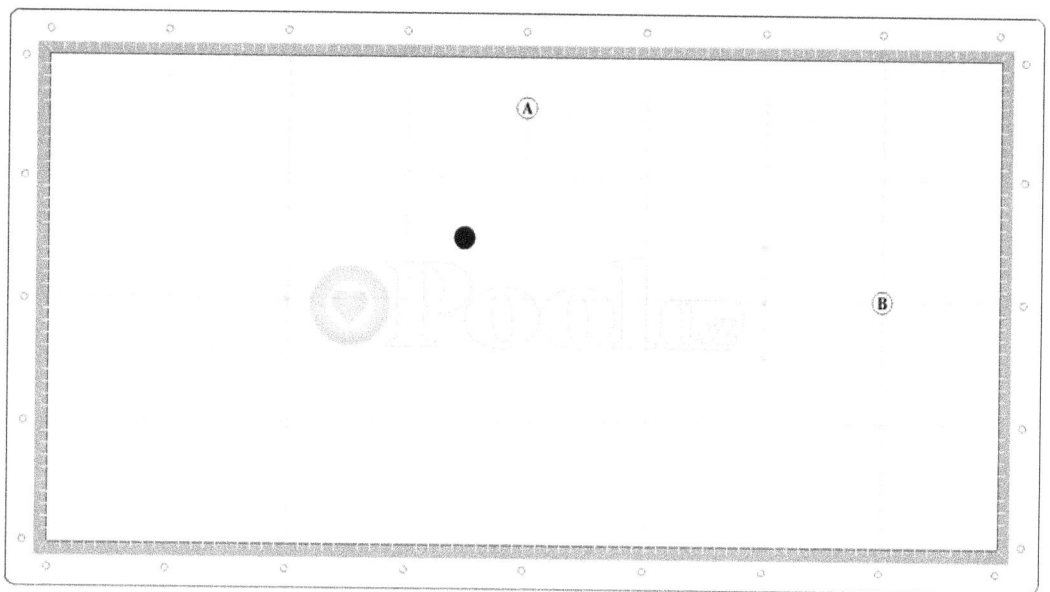

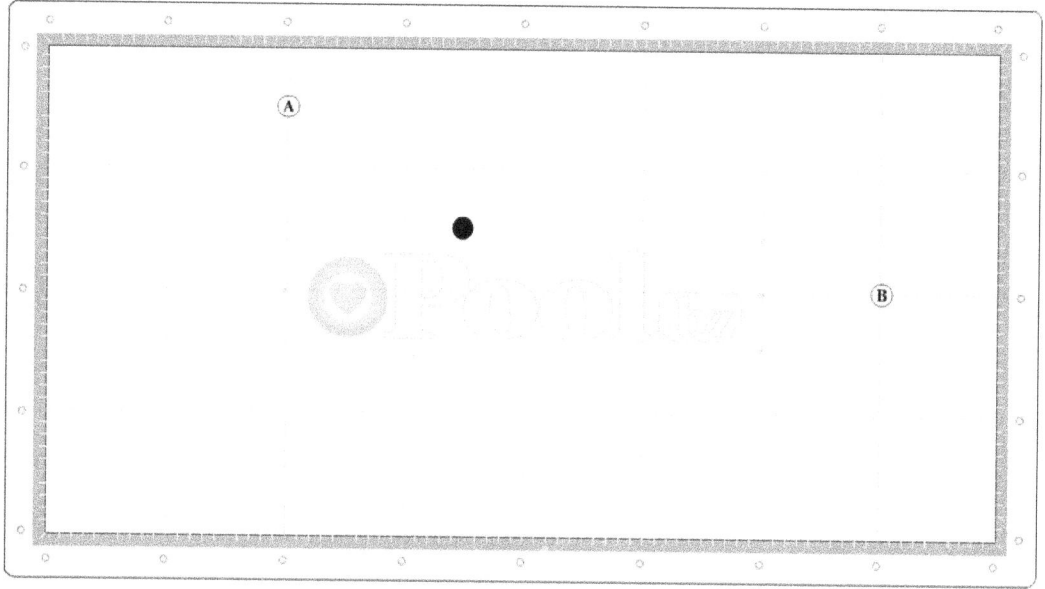

ANMÄRKNINGAR:

Grupp 6, set 12

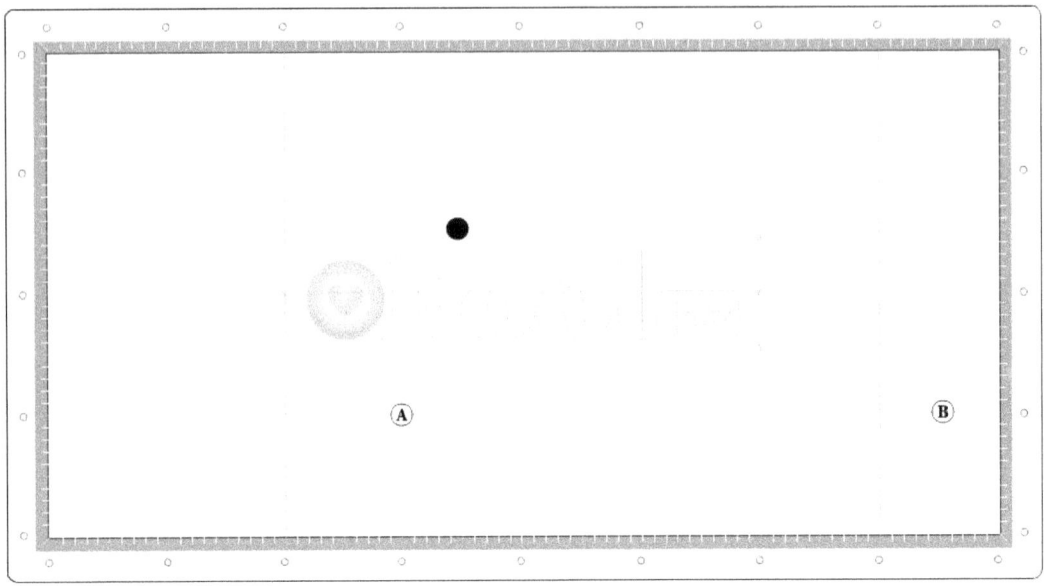

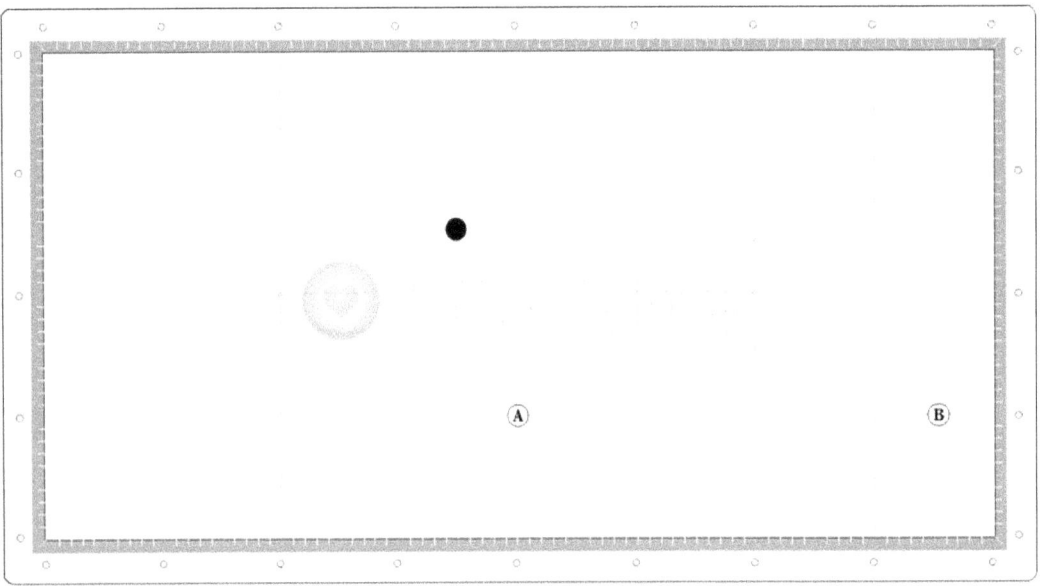

ANMÄRKNINGAR:

Carambole biljard: Fler gåtor och pussel

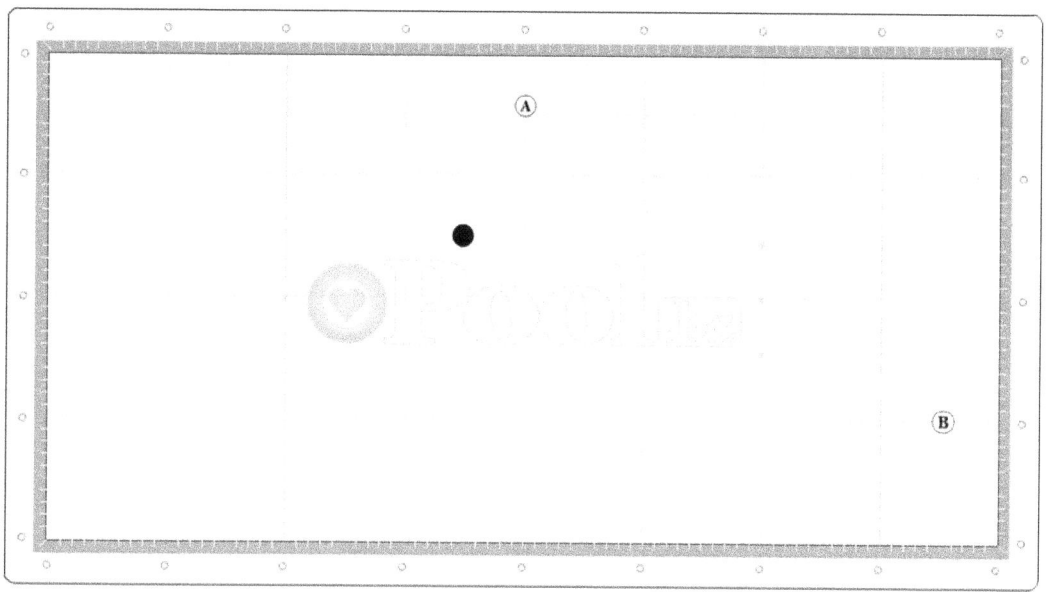

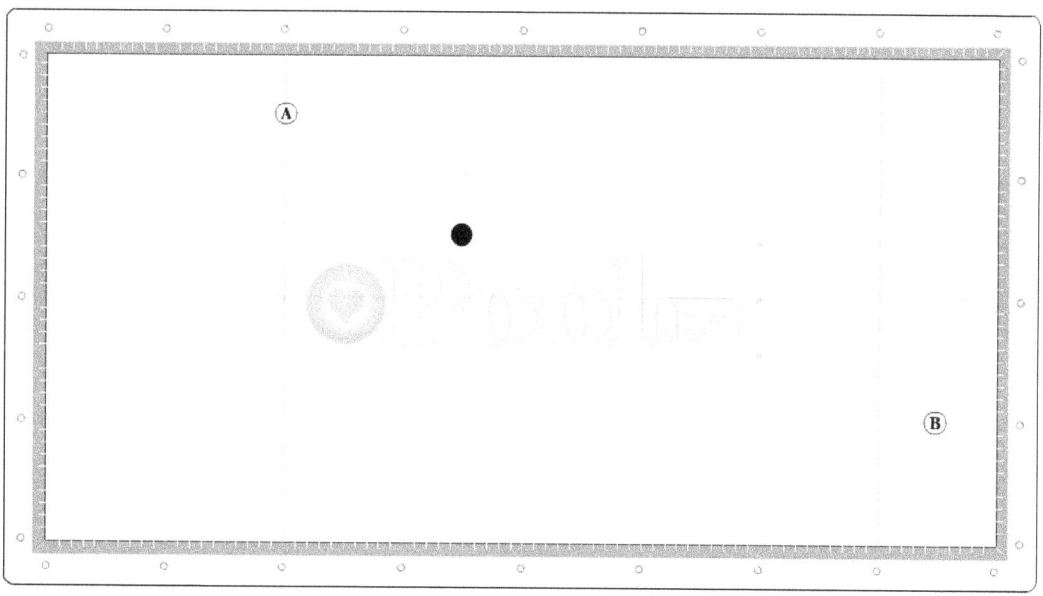

ANMÄRKNINGAR:

Tomma bord

(Skriv ut dessa för att fånga och öva intressanta layouter.)

(Skriv ut dessa för att fånga och öva intressanta layouter.)

www.ingramcontent.com/pod-product-compliance
Lightning Source LLC
Chambersburg PA
CBHW081921170426

43200CB00014B/2793